Hudson Antônio Alves da Silva

Gerenciamento de equipes na área de Tecnologia da Informação

Hudson Antônio Alves da Silva

Gerenciamento de equipes na área de Tecnologia da Informação

O processo de comunicação entre as empresas e as equipes de TI.

Novas Edições Acadêmicas

Imprint

Any brand names and product names mentioned in this book are subject to trademark, brand or patent protection and are trademarks or registered trademarks of their respective holders. The use of brand names, product names, common names, trade names, product descriptions etc. even without a particular marking in this work is in no way to be construed to mean that such names may be regarded as unrestricted in respect of trademark and brand protection legislation and could thus be used by anyone.

Cover image: www.ingimage.com

Publisher:
Novas Edições Acadêmicas
is a trademark of
International Book Market Service Ltd., member of OmniScriptum Publishing Group
17 Meldrum Street, Beau Bassin 71504, Mauritius

Printed at: see last page
ISBN: 978-3-639-89875-0

Agradecimentos

A Deus, à minha família, à minha namorada Cristia pelo apoio, força, incentivo, companheirismo e amizade.

Agradeço ao meu orientador Prof. Dr. David Ferreira Bomfin, por me mostrar o caminho da ciência.

Agradeço a faculdade Pitágoras pelo apoio financeiro e a todos que colaboraram para a execução do trabalho.

RESUMO

Este trabalho analisa a atuação de um grupo de gestores de equipes na área de tecnologia da informação, na cidade de Belo Horizonte. A análise feita encontra embasamento na metodologia desenvolvida por Chang (1996). Foi realizada uma pesquisa qualitativa, descritiva, que consistiu na análise da maneira pela qual os gestores amostrados praticam (ou não) os procedimentos mencionados na metodologia de Chang. A análise das entrevistas realizadas apresentou o percentual praticado pelos gestores em pontos considerados chaves pelo autor. O resultado da pesquisa informa sobre a comunicação nas equipes de trabalho na área de TI em Belo Horizonte. Os gestores consideraram que a comunicação deve existir de forma eficiente nas equipes e teceram considerações sobre como é estabelecida a interação entre os trabalhadores na área de tecnologia da informação. Verificou-se a existência de conflitos nas equipes; apresentou-se o percentual de equipes que possuem conflitos, segundo a afirmação dos gestores entrevistados e fez-se um diagnóstico dos procedimentos praticados por eles para minimizar conflitos em sua equipe de trabalho. Foram verificadas as ações que os gestores praticam para motivar sua equipe de trabalho. Foi possível verificar a partir da leitura dos resultados que as respostas dos gestores nas categorias de analise definidas divergem em alguns pontos da metodologia de Chang (1996) e convergem em outros pontos. A motivação de equipe, comunicação entre os membros, escuta ativa e resolução de conflitos são temas tratados com ênfase nesse estudo com os gestores da área de tecnologia da informação. O resultado da análise dessas categorias é considerado relevante para profissionais relacionados à área de tecnologia da informação e demais profissionais que administram equipes de tecnologia nas organizações.

Palavras-Chaves: equipes, gestão de pessoas, gerenciamento de equipes, tecnologia da informação.

ABSTRACT

This works analises about the group's manegement in tecniques information in Belo Horizonte city. The analyses is grounding in methodology developed by Chang (1996). We performed a qualitative, descriptive, which consisted in analyzing the way in which managers sampled practice (or not) the procedures mentioned in the methodology of Chang. Analysis of interviews showed the percentage charged by managers in key points considered by the author. Interview's analyses showed the percentage charged by managers in key points considered by the author. The result of research reports on communication in teams in the IT field in Belo Horizonte. The managers felt that communication must exist efficiently in teams and have woven considerations about the interaction is established between the workers in the area of information technology.There was the existence of conflicts in teams; it was showed teams's percentage that have conflicts, according to a statement of the managers interviewed and became one of the diagnostic procedures done by them to minimize conflict in your team. We studied the actions that managers practice to motivate your team. There was the existence of conflicts in teams; showed the percentage of teams that have conflicts, according to a statement of the managers interviewed and became one of the procedures diagnostic done by them to minimize conflict in your team. We studied the manager's actions practiced to motivate your teams. It was verified from the result's reading that the responses of managers in categories's defined of analysis differ in some points of the by Chang (1996)'s methdology and converge at other points.

Key-words: teams, people management, team management, information technology.

SUMÁRIO

Lista de Figuras

Lista de Tabelas

Lista de Gráficos

1. INTRODUÇÃO

Atualmente as organizações definem seus processos e organizam seus colaboradores em pequenos grupos. Tais grupos são chamados de "equipes". O termo "equipe" parece ser um nome muito em voga atualmente nas organizações e expressa a ideia de otimização e desempenho, conforme aponta Moscovici (1998, p.5) quando diz: "A maioria dos especialistas indica, nos mais recentes livros de administração e gerência, que o futuro pertence à organizações baseadas em equipes".

Essas atividades realizadas em "equipes" buscam a troca de conhecimento dos membros bem como maior qualidade na execução das atividades.

As atividades realizadas pelos gestores nas organizações estão sempre tentando melhorar a eficiência de suas operações a fim de conseguir maior lucratividade e melhorar prestação de serviço. Conforme Laudon (2007), das ferramentas que os gestores dispõem, a tecnologia da informação está entre as mais importantes para atingir altos níveis de eficiência e produtividade nas operações; especialmente, quando combinada com a mudança de comportamento dos administradores e nas práticas do negócio. Neste aspecto, Laudon (2007) afirma que a área de tecnologia da informação e os sistemas de informação são a principal ferramenta de que as organizações dispõem para criar novos produtos e serviços, assim como modelos de negócios inteiramente novos. Observa-se, portanto, que os profissionais da área de tecnologia da informação trabalham divididos em equipes de projetos, ou por área, apoiando os demais setores da organização.

Ao tratar do trabalho em equipe, pode-se inferir que as "equipes" tenham existido antes mesmo de sua denominação. Nesta perspectiva observa-se que as organizações estão alterando seus processos e a forma de gerenciamento, optando por uma gestão que privilegia menos o trabalho individual e favorece o trabalho em equipe. Conforme Parker (1995, p.3) "O mundo e o mundo dos negócios estão mudando. O individualismo é coisa do passado o trabalho em equipe é que está em voga".

Sobre a gestão de equipes, destacam-se habilidades que os líderes devem possuir:

> Nos últimos anos, tem-se escrito e falado muito sobre liderança. Diversas pessoas têm enfatizado a liderança visionária a liderança compartilhada, a liderança energizada e, até mesmo, a liderança carismática. Os líderes de equipes interfuncionais devem possuir todas essas características e muito mais. (PARKER 1995, p.53).

O gerenciamento tem demandado dos gestores competências voltadas para a condução de equipes, conforme destacam Robbins (2002) e Schermerhorn (1999). Nesse sentido, desde a concepção mais centralizadora do termo gestão, para os conceitos de gerenciamento nos tempos pós-modernos, pode-se perceber uma tendência relacionada à necessidade para se adotar uma gestão voltada às equipes.

Na literatura sobre o tema gerenciamento de equipes, os termos "grupo" e "equipe" ora são apresentados como conceitos distintos, ora como conceitos sinônimos. Esta variação conceitual pode ser constatada a partir da constatação de Schermerhorn (1999 p. 151), quando afirma: "Sempre haverá algo que vai gerar a necessidade de mais esforços para melhorar o trabalho em equipe e eficácia do grupo." Nesta afirmativa já se percebe o uso das palavras equipe e grupo quase significando uma mesma ideia.

No que diz respeito ao gerenciamento de grupos, há de se considerar o que Robbins (2002) chama a atenção:

> O novo ambiente de trabalho é capaz de utilizar os grupos de várias formas vantajosas tanto para as pessoas como para as organizações. Um grupo formal é oficialmente criado para servir a um propósito específico da organização. (...) Esses grupos, independentemente do nome que tenham, são criados oficialmente pela organização para realizar um propósito específico – normalmente, um propósito que envolva o uso de recursos para criar produtos úteis para clientes internos e/ou externos. ROBBINS (2002 p. 132).

Quanto às equipes Schermerhorn, (1999 p.148) ressalta que:

> [...] a formação de equipes baseia-se em dados. Sejam esses dados coletados através de questionários, entrevistas, reuniões de grupo nominal ou outros métodos criativos, o objetivo é obter boas respostas para: "como estamos indo em termos de realização de tarefas? E "como membros individuais, até que ponto estamos satisfeitos com o grupo e a forma como ele funciona"? Essas perguntas podem ser feitas de muitas maneiras e respondidas de forma colaborativa e motivadora [...].

As empresas caracterizam-se pela formação e constituição de determinados grupos que atendem a propósitos específicos; principalmente, no que concerne a sua forma de identificação e delimitação. Isso propicia, entre outras coisas, uma melhor compreensão para o gestor em relação ao desafio de gerenciar equipes.

Diversas organizações têm reestruturado seus processos de trabalho em torno das equipes. Os gestores têm lançado mão desta abordagem de equipes com vistas a melhorar o desempenho das organizações. Conforme nos aponta Schermerhorn (1999), chamar um grupo de equipe apenas não melhora automaticamente seu desempenho. Equipe pode ser compreendida como:

> [...] grupo com funcionamento qualificado que compreende seus objetivos e está determinada a alcançar seus objetivos de forma compartilhada. "A comunicação entre o membro da equipe é verdadeira, opiniões divergentes são estimuladas". (MOSCOVICI, 1998, p.3).

Conforme aponta Moscovici (1998), para um grupo se consolidar como uma equipe, deve-se investir constantemente em seu crescimento, as habilidades complementares de cada membro do grupo devem direcionar para alcançar os resultados definidos pelo grupo.

As análises apresentadas pelos autores, feitas até aqui confirmam, pois, a relevância do tema abordado nesta dissertação.

1.1 Justificativa

A proposta de um estudo sobre "gerenciamento de equipes" está alinhada com as mais recentes estratégias de competitividade nas organizações. Conforme Parker (1995, p.185): "[...] as empresas mais bem-sucedidas hoje em dia – você encontrará a qualidade no centro das metas corporativas e o trabalho em equipe como estratégia principal para alcançar essas metas". Neste contexto, é possível refletir sobre o trabalho em equipe e as formas de gerenciamento dessas equipes. Entretanto, algumas indagações teóricas que serão apresentadas por diferentes autores no decorrer desta pesquisa, terão o objetivo de esclarecer algumas questões que intricam o pesquisador. Os trabalhos desenvolvidos em equipe na área de tecnologia da informação remetem a indagações com relação aos aspectos, positivos e/ou qualitativos para as organizações. Analisando estas indagações é importante destacar os aspectos positivos do trabalho em equipe, mas também poderá ser importante mencionar os cuidados que os gestores devem tomar ao gerenciar equipes. Nestes aspectos Hobbins (1997, p.197), nos alerta: "Um trabalho feito em equipe é melhor que um trabalho feito por um individuo". Ocorre que Hobbins (1997, p.197), nos aponta para os cuidados que os gestores devem ter no seguinte aspecto: "Se uma única pessoa tiver informações suficientes para completar uma tarefa, ela sobrepujará uma equipe incumbida da mesma tarefa. Não há interfaces, repasses de serviços intermediários entre indivíduos".

Acredita-se que se justifica uma abordagem focada na análise do gerenciamento de equipes na área de tecnologia da informação, a fim de verificar se os gestores da área gerenciam as equipes de trabalho sob sua responsabilidade, conforme estabelece o modelo proposto por Chang (1996). Portanto definido o tema iniciou-se uma busca nas bases de dados, da CAPES, (Coordenação de Aperfeiçoamento de pessoal de nível Superior), com objetivo de verificar a presença ou não de estudos, sobre o tema proposto. Pesquisas foram realizadas, adotando como objeto de busca na base de dados o título *"Gerenciamentos de Equipes na área de Tecnologia da Informação",* sendo adotados os seguintes critérios: inicialmente, a pesquisa de busca foi realizada, no site da CAPES, (Coordenação de Aperfeiçoamento de pessoal de nível Superior), através do site http://capesdw.capes.gov.br/capesdw/Teses em 01 de Setembro de 2011. Através da adoção da busca de termos por assunto, pelo critério: *expressão exata.* Em primeiro lugar, utilizou-se como assunto o seguinte termo: *"Gerenciamento de Equipes na área de tecnologia da Informação",* não sendo encontrado nenhum resultado para esses termos.

Ainda, realizando busca no sistema da CAPES, procedeu-se outra pesquisa, mediante o termo "Gerenciamento de Equipes na área de Tecnologia da Informação", mas desta vez pelo critério: **todas as palavras**. No entanto, no Banco de dados há informação de 57 produções. Foi feito uma analise dos títulos das produções apresentadas pelo sistema e não foi encontrada nenhuma pesquisa com título semelhante ao titulo proposto. Com base nestes dados, realizou-se um refinamento da pesquisa utilizando como busca o título: "*gerenciamento de equipes*". Nesse último caso, em um total de quarenta e uma dissertações e /ou teses apresentados pelo sistema de busca, foram encontradas apenas duas dissertações que trazem no título, e nos seus respectivos resumos, a abordagem sobre equipe, conforme descrito abaixo:

Pesquisas realizadas sobre o tema gerenciamento de equipe em dissertações

Ano	Autor	Nome da Pesquisa	Resumo
2010	Rodrigues Ivete	Cultura e desempenho de equipes de projetos globais: um estudo em empresas multinacionais brasileiras.	A internacionalização das empresas brasileiras traz uma nova realidade: a necessidade de implementação de projetos globais. Estes trazem, em seu bojo, o desafio do gerenciamento de equipes multiculturais. Sendo um fenômeno recente, com pouco desenvolvimento teórico, o presente estudo buscou entender as relações entre características culturais e desempenho de equipes de projetos globais em multinacionais brasileiras, em contextos de alta e baixa distância cultural.
1998	Machado Magali dos Santos	Equipes de Trabalho: Sua efetividade e seus preditores.	Nas duas últimas décadas, tem se verificado um aumento de interesse na melhoria da qualidade do capital humano das empresas, decorrente da intensificação das ações direcionadas para a competitividade e inovação. Como resultado dessa tendência, muito se tem investido no estudo do comportamento das equipes no ambiente organizacional. Essas equipes facilitam os processos de controle de qualidade dos produtos, de inovação e de desenvolvimento de produtos mais aceitáveis pelos clientes e mais fáceis de produzir.

Fonte: CAPES (Disponível em: <www.capes.gov.br>. Acesso em 13 Setembro. 2011).Organizado pelo autor desta pesquisa.

Analisando o quadro, pode-se observar que nenhum dos dois trabalhos encontrados e descritos acima aborda o tema- objeto desta pesquisa: *Gerenciamento de equipes na área de tecnologia da Informação*. No primeiro caso, Rodrigues (2010) trata em sua pesquisa das equipes de projetos globais, suas características culturais e as relações com as equipes de auto desempenho no contexto das empresas multinacionais. A pesquisa não trata das formas de gerenciamento de equipes, e muito menos equipes de tecnologia da informação. Rodrigues (op.cit) apresenta um estudo que trata especificamente das características culturais e seus impactos na formação de equipes multiculturais em projetos com

16

abrangência global em multinacionais brasileiras. Portanto, apesar do titulo da pesquisa conter a palavra "equipe", o objeto de estudo diverge do objeto desta pesquisa.

Já a segunda pesquisa, publicada pela pesquisadora Machado (1998), tem um foco voltado para o uso das equipes de trabalho nas organizações. Uma característica relevante deste estudo ressalta o uso de "equipes de trabalho" como forma de valorização do capital humano. Nesta perspectiva Machado (1998), apresenta pontos em sua dissertação que trata do uso de equipes como forma de melhoramento da qualidade de produtos, inovação e desenvolvimento. A pesquisa infere que as empresas ao adotar processos de trabalho em "equipe" terão produtos mais aceitáveis pelos clientes e de fácil produção. Ao compreender o objeto de estudo intitulado *"Equipes de Trabalho: Sua efetividade e seus preditores"* observa-se que a pesquisa não aborda as questões referentes ao gerenciamento de "equipes" na área de tecnologia da informação. A pesquisa abrange duas vertentes: (1) O uso das "equipes" como forma de garantir a eficiência dos processos de controle de qualidade dos produtos e tornar a organização competitiva; e (2) Sob uma segunda perspectiva apresenta um estudo focado no comportamento das equipes no ambiente organizacional.

Portanto, analisando as pesquisas feitas em produções cientificas produzida no País através do banco de teses e dissertações da CAPES, justifica-se uma pesquisa com o foco no gerenciamento de equipes na área de tecnologia da informação, fazendo uma análise, buscando entender se os gestores da área de tecnologia da Informação gerenciam as equipes de trabalho sob sua responsabilidade, conforme a metodologia proposta por Chang (1996).

Ainda como justificativa não menos relevante, é importante destacar a formação do pesquisador, que é graduado em tecnologia de processamento de dados, especialista em Engenharia de Software e atua há dez anos na área de tecnologia da informação. Em sua carreira profissional, exerceu as seguintes funções: auxiliar de implantação, técnico em processamento de dados, analista de suporte a aplicativos, e coordenador de Tecnologia da informação. Em sua pratica profissional percebe que é comum nas organizações, os gestores da área de tecnologia da informação, dividir as áreas de TI em equipes de trabalho, tais como: Suporte a equipamentos, Desenvolvimento de Sistemas, Infraestrutura de rede, e Suporte a Usuários.

Os profissionais que trabalham nos setores destacados acima são divididos em pequenos "grupos" e recebem o nome de "equipe" pelos gestores da área de tecnologia. Portanto, o tema proposto para este estudo poderá ser muito relevante para gestores de tecnologia da informação que adotam o uso de equipes em seus processos de trabalho.

Além disso, a pesquisa ora proposta propõe uma contribuição para as organizações, e constitui-se importante instrumento para a academia no que se refere aos estudos do gerenciamento de equipes na área de tecnologia da informação.

1.2 Problema de Pesquisa

Tecnologia da informação é uma ciência compreendida no campo das ciências exatas. Como tal determinados procedimentos e formas de gestão dos profissionais, privilegiam mais questões técnicas e operacionais do que fatores humanos. Neste aspecto esta pesquisa visa verificar se os gestores da área de Tecnologia da Informação (TI) gerenciam as equipes de trabalho sob sua responsabilidade aplicando o modelo proposto por Chang (1996)?

1.3 Objetivos

1.3.1 Geral

Analisar as práticas de gerenciamento de equipe declaradas pelos gestores pesquisados da área de tecnologia da Informação, em relação ao modelo de Chang.

1.3.2 Específicos

Identificar as percepções que os gestores têm sobre suas práticas de gerenciamento de equipes.

Identificar as razões que levam à prática de gerenciamento declarada pelos gestores.

Comparar as práticas declaradas pelos gestores com a metodologia de Chang (1996).

1.4 Delimitações da Pesquisa

Não faz parte desta pesquisa analisar a eficácia dos trabalhos técnicos desenvolvidos pelos profissionais da área de tecnologia da informação.

Não é objeto desta pesquisa analisar as práticas dos serviços prestados na área de tecnologia e nem as formas pelas quais os usuários internos e externos enxergam a área de TI.

18

Não faz parte desta pesquisa envolver gestores de outros setores, que não os da área de tecnologia da informação.

Escolheu-se, como ambiente de pesquisa a cidade de Belo Horizonte – MG, por se tratar da cidade onde estão localizadas as empresas a serem analisadas e onde reside o pesquisador, o que poderá facilitar os aspectos operacionais da pesquisa.

1.5 Definições de Termos

Para esta pesquisa a palavra *"equipe"* ou *"equipes"* tem o mesmo significado. De acordo com Katzenbach (1994, p.45) "[...] equipe é um tipo especial de grupo". Portanto, ora uma ora outra poderá ser encontrada no texto, cujo uso se dará mais em função da estética da redação no singular ou no plural.

1.6 Estrutura do texto

Este trabalho é composto de quatro seções: O primeiro que ora se encerra, introduz o tema, assim como apresenta a justificativa para a pesquisa e seus objetivos. A seção dois é constituída pelos temas: *Gerenciamento de equipes, administração, liderança e motivações.* Liderança, poder e autoridade estão presentes na escola de relações humanas. A escola de relações humanas da ênfase ao estudo do comportamento humano nas organizações, visando segundo Kwasnicka (1989), o aumento da produtividade. A seção três trata da metodologia utilizada na pesquisa, destaca as abordagens empregadas, e explica os fins da pesquisa. Ainda no capitulo três é apresentado o universo e amostra da pesquisa bem como os instrumentos utilizados para a coleta dos dados. A seção quatro aborda a análise e interpretação dos resultados. As conclusões desta pesquisa estão presentes no capitulo cinco desta dissertação sob o tópico intitulado conclusões e recomendações.

2 REVISÃO DE LITERATURA

2.1 Gerenciamento de equipes

Para os propósitos desta pesquisa, pretende-se, nesta seção, apresentar como o tema é abordado por diversos autores da teoria das organizações, com vistas a identificar as possíveis abordagens sobre o gerenciamento de equipes. Com base em Kwasnicka (1989 p.11), "O estudo da administração é um desdobramento da historia das transformações econômicas, sociais e politicas de varias culturas, necessidades que o homem tem em sua natureza que precisam ser satisfeitas através de esforços organizados".

O primeiro passo, portanto, é mostrar os aspectos das teorias das organizações, que incluíram a referência às equipes de trabalho, mostrando a partir de quais momentos da historia da teoria da administração o termo "equipe" surgiu, consolidou ou se tornou imprescindível às questões relacionadas ao gerenciamento; tanto das organizações antigas até chegar às organizações contemporâneas, que são complexas e dinâmicas.

A próxima subseção refere-se à revisão de literatura acerca de alguns conceitos básicos para a administração e o gerenciamento, de acordo com as teorias das organizações.

2.1.1 Teorias da administração/equipes

O conceito de administração científica, conforme Motta (1996) trata do processo de estruturação da empresa. De acordo com o mesmo autor, a boa organização de uma empresa é premissa essencial para todo o processo de produção e distribuição racional do trabalho para que sejam feitas de maneira eficaz.

Caracterizando a administração cientifica é importante destacar ,segundo Lacombe (2008), a primeira teoria administrativa, em termos de data de existência, foi à chamada escola da administração científica. Segundo Lacombe (2008, p.37), tal teoria é: "[...] baseada na divisão do trabalho em tarefas elementares e praticamente indivisíveis e na especialização das pessoas na execução destas tarefas, visando obter ganhos de produtividade". Neste contexto é possível afirmar que a escola de administração científica fundamenta-se na especialização de pessoas, que realizam atividades elementares, visando o aumento da produtividade. Analisando a teoria descrita por Lacombe (op.cit), observa-se que a escola da administração científica não se ocupa do estudo do trabalho em equipe, e suas relações humanas entre os membros da equipe.

De acordo com Motta (1996), a partir do século XVIII, o racionalismo, influenciou todos os campos do saber. Segundo o mesmo autor apenas um campo ainda não tinha recebido a influência da racionalização: o campo do trabalho.

Ainda segundo Motta (1996), com o advento das máquinas, o trabalho se tornara evidentemente mais eficiente e complexo sem que, contudo, houvesse provocado a racionalização da organização e execução de trabalho. Segundo Maximiano (2009), mais precisamente, no ano 1903, Taylor divulgou um estudo intitulado *Shop management*, no qual propunha sua filosofia de administração que compreendia em quatro princípios:

> "I. O objetivo da boa administração era pagar salários altos e ter baixos custos de produção. II. Com esse objetivo, a administração deveria aplicar métodos de pesquisa para determinar a melhor maneira de executar tarefas. III. Os empregados deveriam ser cientificamente selecionados e treinados, de maneira que as pessoas e as tarefas fossem compatíveis. IV. Deveria haver uma atmosfera de íntima e cordial cooperação entre a administração e os trabalhadores". (MAXIMIANO, 2009, p.31).

Os princípios mencionados por Maximiano (op.cit) podem ser compreendidos como um direcionamento sintetizado dos estudos propostos pela escola de administração científica. Contudo a escola da administração científica é datada do século XIX, o que ajuda a inferir que estes estudos podem sofrer alterações ou ser contestados futuramente.

É no início do século XX, porém, que surgem os pioneiros da racionalização do trabalho e em muitos aspectos suas ideias eram semelhantes, ficaram conhecidos como fundadores de Administração Científica ou Escola Clássica.

Para Motta (1996 p.4) o pensamento central desses autores, em geral, pode ser assim sintetizado: "[...] alguém será um bom administrador à medida que planejar, cuidadosamente, seus passos, organizar e coordenar racionalmente as atividades de seus subordinados e que souber comandar e controlar tais atividades".

Sendo assim, o enfoque principal da escola clássica ou, da administração científica, é o indivíduo a serviço do trabalho e da produtividade, em um sistema organizado e hierarquizado, pouco importando a análise da formação de grupos bem como as relações humanas entre si. Percebe-se, pois, que a escola clássica, ao propor a racionalização do trabalho, coloca o indivíduo a serviço do mesmo, ou da organização. Nesse sentido, as questões relacionadas à abordagem e análise do trabalho em equipe ainda não puderam ser evidenciados aqui.

Para a escola de relações humanas interessa a noção do indivíduo que está inserido no contexto de *grupo primário*. Como afirma Motta (1996), parte-se do pressuposto que a formação da personalidade de todo e qualquer indivíduo é o resultado da interação entre o individuo e o ambiente sociocultural em que o indivíduo está inserido. Para os teóricos da escola de relações humanas, conforme aponta Motta (op. cit), há dois tipos de *níveis de personalidade*: personalidade central que é aquela formada durante o processo de socialização do indivíduo; e a personalidade periférica, formada através do contato e a participação do indivíduo nos *grupos primários*.

As idéias centrais da Escola de Relações humanas surgem como uma forma de oposição e crítica contundente à Escola Clássica. As figuras principais dentro da abordagem do comportamento humano, no interior das organizações foram: Chester I, Bernard, Mary Parker Follet e Elton Mayo. Eles estudaram aspectos relacionados ao comportamento humano tais como: liderança, poder, motivações e autoridade. Para Kwasnicka (1989), esse movimento procurou formular hipóteses e entendimento do comportamento humano nas organizações e, desse entendimento, concorre para o aumento da produtividade.

Na escola de relações humanas, constata-se uma crítica implacável ao "homo economicus" como modelo de natureza humana, propondo-se substituí-lo pelo modelo do "homo social" cujos princípios, segundo Motta (1996), são: o homem é apresentado como um ser cujo comportamento não pode ser reduzido a esquemas simples e mecanicistas e que o homem está condicionado, tanto biologicamente quanto socialmente; por isso, que observamos as diferenças individuais, todo homem possui necessidades de segurança, afeto, aprovação social, prestígio e auto-realização.

Então a Escola de Relações humanas propicia o desenvolvimento necessário do conceito de grupo informal, ou grupos primários; conceito esse já existente no campo da sociologia, conforme explica Motta (1996), e que é aplicado ao campo da administração: "por grupos informais entendemos um conjunto de indivíduos, suficientemente pequeno, de forma que possa comunicar-se entre si,, direta e frequentemente" (Shein apud Motta, 1996 p. 23).

As experiências desenvolvidas pelos teóricos da escola de relações humanas lançam mão de uma série de técnicas de análise e observação de comportamento de grupos. Outro fator importante é a identificação do surgimento dos grupos informais. Em Motta (1996), observa-se que um grupo informal emerge dentro das organizações entre um determinado número de indivíduos que começam a intensificar-se e a tomar corpo. A frequência das interações entre os grupos informais é que determina a formação desses grupos e, segundo Motta (1996 p.24), "devemos determinar os fatores que provocam tais interações". Esses fatores seriam a tecnologia adotada e a semelhança de interesse entre os indivíduos, conforme sistemas de identificação: quando os homens se reúnem em grupos, assim o fazem tendo em vista o atendimento de duas necessidades, especialmente as de segurança, aprovação social, e afeto. "Tudo isto pode ser satisfeito pelo grupo, que ainda se constitui em derivativo para a monotonia e a fadiga do trabalho" (Motta 1996, p.24).

A escola de relações humanas procurou dar ênfase e atenção à estrutura informal, ou àquilo que nunca foi objeto de investigação da Escola Clássica. Em suma, o movimento da escola de relações humanas interessa-se por enfatizar a cooperação entre os indivíduos e por se esforçar em analisar os grupos informais como elemento imprescindível à qualidade da produção. Embora não se admita, percebe-se, no entanto, que o foco, ou o objetivo, ainda era a produção e sua eficácia; mas a estratégia era a criação de um ambiente afetivo, psíquico e social que contribuísse para elevar a produção. Um erro a ser ressaltado é a crença em que um ambiente feliz é, por sua vez, considerado um ambiente produtivo (cf. Kwasnicka, 1989). Desconsidera-se, então, que existem outros fatores também importantes para criar a motivação, nos ambientes das organizações e nas relações dos indivíduos com os seus grupos formais e informais, tais como: a desconsideração pelos ganhos financeiros não deveria ser encarada de maneira tão radical. "O próprio estudo de Maslow sobre as necessidades humanas e seus reflexos no trabalho mostra que os ganhos financeiros fazem parte também desse quadro de satisfação das necessidades" (Kwasnicka, 1989 p. 81).

A seguir veremos como alguns teóricos contribuíram fortemente para o desenvolvimento das ideias centrais da Escola de Relações humanas, e que a tornou um marco histórico no desenvolvimento do pensamento e da história da *administração geral.*

Conforme Kwasnicka (1989), Elton Mayo é considerado um dos pais da Escola de Relações Humanas. Por meio da experiência de Hawthorne e outras descobertas, Mayo foi capaz de comprovar que, a longo prazo, o tratamento do indivíduo em virtude de suas motivações humanas é proveitoso. As experiências a que foram submetidas as organizações, os seus grupos e os indivíduos puderam analisar o que constituem as condições eficazes para incidir na qualidade e eficiência na produtividade. Todas as experiências foram capazes de analisar que as condições físicas, o ambiente de trabalho, não eram mais importantes quanto às condições psíquicas, incentivo salarial, a interação grupal. O objetivo, portanto, era demonstrar que, por exemplo, o conhecimento do comportamento humano nas organizações, de acordo com Kwasnicka (1989), mudança de variáveis que afetam o grupo tais como: a condição social, os valores, os temores, os anseios, sempre em busca de uma estabilidade social. Contudo, de acordo com Kwasnicka (1989), as contribuições de Mayo foram importantes pelo seu caráter clínico e sua orientação para a ação: "com uma visão mais ampla da organização, ele procura identificar os problemas relativos à insatisfação e aos conflitos humanos no trabalho; por outro lado, usa sua intuição, experiência e generalizações interdisciplinares para orientar suas ações administrativas". (KWASNICKA, 1989 p.24).

Não se pode deixar de mencionar as contribuições de outro teórico Chester Bernard como parte importante no desenvolvimento do comportamento organizacional no interior das organizações. Uma ideia importante de sua análise é a de que o homem é um ser social que interage constantemente com outros semelhantes, e em todo e qualquer situação está inserido em grupos, mesmo que seja difícil identificar propósitos e objetivos comuns. Seus apontamentos, como informa Motta (1996), de acordo com a abordagem que utilizou no tratamento dos problemas administrativos, situam-se entre os teóricos das Relações Humanas e os behavioristas; Chester Bernard deslocou sua análise da organização formal para os grupos informais. Na divisão do trabalho, em um ambiente organizacional, Bernard considera que, para o bom funcionamento dos grupos formais, na racionalização e hierarquização das tarefas nas organizações. Chester afirma que para o bom funcionamento da organização formal era necessária a consideração das organizações informais, como meio de organização, coesão e proteção da integridade individual.

2.1.2 Dos grupos às equipes nos ambientes organizacionais

Na abordagem sobre grupos, destaca-se a tentativa de alguns autores de explicar sua formação, composição e o que atrai os indivíduos a filiar-se aos mesmos. Nesta perspectiva, existem varias abordagens e explicações que ajudam na compreensão deste fenômeno organizacional.

Para estudar o funcionamento de um grupo é necessário considerar três aspectos importantes, conforme aponta Moscovici (1997): composição, estrutura e ambiente. Estudam-se pessoas que compõem o grupo, as posições relativas que elas ocupam no grupo, suas relações entre si e o espaço físico e psico-social do grupo. O grupo seria, então, o campo de forças em que umas contribuem para movimentos e progressos do grupo e outras para dificuldade e retrocesso do grupo; algumas delas são primordiais para o funcionamento grupal: são elas objetivo, motivação, comunicação, processo decisório, relacionamento, liderança e inovação (cf. Moscovici, 1989). É relevante informar o motivo pelo qual um individuo afilia-se a um grupo:

> "Uma razão que devemos mencionar para o desejo de um individuo afiliar-se a um grupo também se relaciona a necessidade de apoio. As pessoas são frequentemente inseguras sobre suas percepções de muitas coisas". (KWANICKA 2001, p.80).

Por isso fazer parte de um grupo no qual seus integrantes compartilham os mesmos raciocínios, ajuda a fortalecer as decisões individuais de cada integrante.

Para Argyle (1976), grande parte das interações sociais ocorre através de pequenos grupos sociais. Nesse sentido, a vida humana e os indivíduos dela ocorrem no interior de pequenos e grandes grupos sociais. Considera-se, pois, que a família, a sala de aula, as cooperativas, os grupos de amigo, são pequenos grupos que por sua vez formam comunidades, bairros, guetos, cidades e até nações. Nesse sentido, o conceito de grupo é pressuposto fundamental para a consideração do homem/indivíduo como ser social que precisa estar inserido no contexto grupal para poder satisfazer suas necessidades de interação no qual todos os membros se relacionam como membros pertencentes de grupos.

A palavra grupo e/ou equipe expressa o mesmo sentido para as teorias propostas. No presente texto, ora usa-se o termo grupo ora equipe, em virtude da opção feita pelo autor.

Analisando a perspectiva dos grupos ou equipes, pode-se considerar que existem características peculiares que denominam os mesmos. Tais como grupos formais e informais, conforme destaca Kwanicka (2001 p.80), quando afirma: "Há dois tipos fundamentais de grupos aceitos pelos teóricos da administração: o grupo formal e o grupo informal".

Grupos formais Kwanicka (2001) são grupos criados com objetivos bem definidos, para realizar tarefas estabelecidas de acordo com os interesses das organizações que os criou. Na ótica de Bernardes (1995), o grupo formal é uma unidade administrativa constante, ou então a equipe, a comissão, ou grupo de trabalho com duração transitória. Sobre o tempo de duração dos grupos formais e a tipificação dos mesmos é importante ressaltar o que nos aponta Kwanicka (2001, p.81), "os grupos formais podem ser de dois tipos, baseados na duração de sua utilidade ou na necessidade. Assim, um grupo pode ser permanente ou temporário". Já para Bernardes (1995) é a unidade, equipe ou comissão ou grupo de trabalho que têm duração definida e transitória.

No entanto, analisando a definição de Kwasnicka (2001), é possível comparar grupos formais permanentes com as equipes de trabalho na área de tecnologia da informação. A equipe de "suporte técnico" é um exemplo de área com características de grupo permanente. A ênfase que se dá neste aspecto trata dos elementos deste grupo as atividades, não altera a tipificação do grupo, será sempre um grupo formal, conforme menciona Kwasnicka (2001) ao conceituar grupos permanentes.

> "Exemplos de grupos formais permanentes incluem: o departamento de contabilidade, o departamento de engenharia, o departamento de produção, o *staff* pessoal e o *staff* legal. Esses grupos são permanentes, como uma atividade necessária, mesmo que eles mudem o pessoal ou modifiquem certas tarefas específicas. Uma unidade de contabilidade, por exemplo, será sempre um grupo formal em uma companhia, enquanto ela permanecer atuando, pois demonstrativos de performance financeira sempre serão necessários". (KWASNICK 2001, p.81)

Abordando as características dos grupos formais, alguns grupos têm as peculiaridades que o fazem permanentes, outros grupos não menos formais terão aspectos que lhe darão a condição de grupo temporário. Os grupos temporários têm as mesmas características dos grupos permanentes. No caso dos grupos temporários são criados com atividades bem específicas e com data definida para sua extinção, conforme define Kwanicka (2001, p.82) ao afirmar: "Os grupos formais temporários são atividades como comitês, staff, equipe de

26

estudo especial, grupos de trabalhos e equipes de projetos". Entretanto a diferença básica entre grupos formais temporários e grupos formais permanentes conforme Kwanicka (2001), esta vinculado aos objetivos pelos quais foram criados e ao tempo de duração da sua existência na organização.

Os grupos considerados informais são criados a partir da necessidade de interação humana e do relacionamento entre pessoas que compartilham as mesmas ideias. Bernardes (1995) revela que um grupo informal é o mesmo que "panelinha" e/ou "igrejinhas", ou um grupo de amigos que se associam. Ainda de acordo com Bernardes (1995, p.108), um grupo informal: "é constituído por pessoas que se reúnem para atingir metas individuais em uma situação cooperativa, como resposta a um ambiente preexistente à formação do grupo".

Já para Kwanicka (2001), os grupos informais podem ser conceituados como um conjunto de interações e de relacionamentos que se estabelecem numa organização formal, ou não.

As interações que ocorrem nos grupos informais, se dão através dos elementos humanos que os compõem. Neste aspecto é importante ressaltar os fatores que dão origem aos grupos informais, na perspectiva Kwanicka (2001), são: interesses comuns, as interações estimuladas pela própria organização formal, a flutuação de pessoas dentro da empresa, e por último os períodos de lazer. Todos os fatores elencados acima são fatores facilitadores no processo de criação dos grupos informais.

2.1.3 Formação de Equipes e contribuição às organizações

Ao falar sobre o processo de formação de um grupo ou equipes, é importante diferenciar os grupos de coletividade, ou agregação de pessoas com objetivos comuns. Para essa diferenciação Bernardes (1995) exemplifica que os moradores de edifício de apartamentos atravessam a multidão de uma avenida em direção ao seu serviço. Tanto os moradores do prédio, quanto os indivíduos que cruzam o caminho possuem objetivos comuns. No entanto os moradores do prédio e os indivíduos que atravessam a avenida não são considerados grupos, mas a agregação (ou coletividade). Já dentro de um ônibus com destino interestadual, todos os passageiros têm um objetivo comum. O objetivo desses passageiros é chegar ao mesmo destino; no entanto eles não se comunicam: por isso eles não são considerados um grupo mesmo que tenham, ao menos, uma identificação que os une; nesse caso, o destino. Nesse sentido, um grupo ou equipe é caracterizado pela necessidade de comunicação para tomada de decisões e para a questão da identificação que os une, nos propósitos específicos dentro de uma organização (cf. Bernardes, 1995).

Já para Trecker (2004) na sociedade moderna todos nós devemos saber como trabalhar em grupos e com grupos. Para ele, não poderíamos sobreviver sem estarmos inseridos em grupo. Ora, somos seres sociais, e ao nascermos, ao menos teoricamente, somos inseridos em um contexto social grupal que recebe o nome de clãs, famílias etc. Nesse sentido, pode-se afirmar que a sociedade se estrutura por grupos. As suas células nada mais são que grupos, maiores, menores, formais ou informais que acabam por alicerçada através de grupos.

Então, conforme Bernardes (1995), o grupo de pessoas não é uma entidade autônoma e que existe por si só. Para ele, o grupo age diretamente no ambiente em que atua, influindo diretamente em suas características. Nessa perspectiva sociointeracionista o grupo seria, conforme nos define Bernardes (1995 p. 105): "grupo é a coleção de pessoas que, caso agregadas, mais facilmente alcançam seus objetivos pessoais, mas que para isso precisam contribuir de alguma forma para seu ambiente.".

De acordo com Maximiano (1986), um grupo é influenciado pelo ambiente ao qual ele foi criado. Os grupos são diferentes uns dos outros pelas características intrínsecas, entre a especificidade de cada grupo destaca-se, o tamanho, a Idade, a ideologia peculiar e o resultado entre a interação dos componentes do grupo.

As equipes de trabalho possuem atribuições fundamentais para a organização. De acordo com Sholtes (1992), o papel das equipes nas organizações está diretamente ligado com o movimento de "qualidade"; assim os gestores descobrem as vantagens de possuir pessoas de todos os níveis trabalhando juntas em equipes. Os gestores identificam problemas necessitados de melhorias e formam equipes de projetos encarregadas de encontrar soluções.

Segundo Robbins (1997) pode haver divergências de ideias dos membros individuais de uma equipe e a meta proposta, a ser alcançada pela equipe. Para Robbins (1997) um trabalho eficaz é manter um equilíbrio constante entre as necessidades da equipe e as necessidades individuais. Embora afirme que "na vida real agimos juntos com os outros, primeiramente para satisfazer nossos planos pessoais. As pessoas apenas concordarão em formar uma equipe se isto primeiro satisfizer suas necessidades." (Robbins 1997, p.21).

Então, analisando o que Robbins (1997, p.21) menciona, entende-se que existe uma troca interpessoal, ou, o que Shermerhorn (1999), denomina de "sinergia positiva" entre os membros da equipe, e a coletividade formada através da união de pessoas caracterizada também como uma equipe. Isso equivale a dizer, entre outras coisas, que um trabalho eficaz em equipe necessita do equilíbrio entre as necessidades individuais dos membros da equipe e as necessidades da coletividade.

Em suma, poder-se-ia afirmar que grupo é um conjunto de membros situados em um determinado nível na organização, que realizam as mesmas tarefas, ou tarefas parecidas e que estão interligadas por determinados fatores em comum que podem ser entre outras coisas: o mesmo ambiente físico, a mesma execução de tarefas, ou tarefas semelhantes, no caso dos grupos formais; ou ainda, estarem interligados por necessidades e ou motivos afetivos, interpessoais e psicológicos, no caso da formação de grupos informais, no interior das organizações.

Para os propósitos dessa pesquisa, considerar-se-á equipe como um conjunto de membros que executam tarefas no interior de uma organização e que estão inter-relacionados e motivados através de determinados objetivos em comum, com vistas à eficácia na execução e realização das tarefas. Cabe ao gestor de equipe, portanto, estabelecer para seus membros determinadas metas a serem perseguidas pelos indivíduos dela participantes, garantindo as melhorias necessárias e constantes para atingir essas metas.

2.1.4 Gerência de trabalho em equipe

Numa abordagem sobre comportamento gerencial, Shermerhorn (1999), aponta um estudo de significativa relevância, proposto por Henry Mintzberg ao identificar três categorias de papéis ou atividades que os gestores devem estar preparados para realizar diariamente, conforme nos mostra a figura 1.

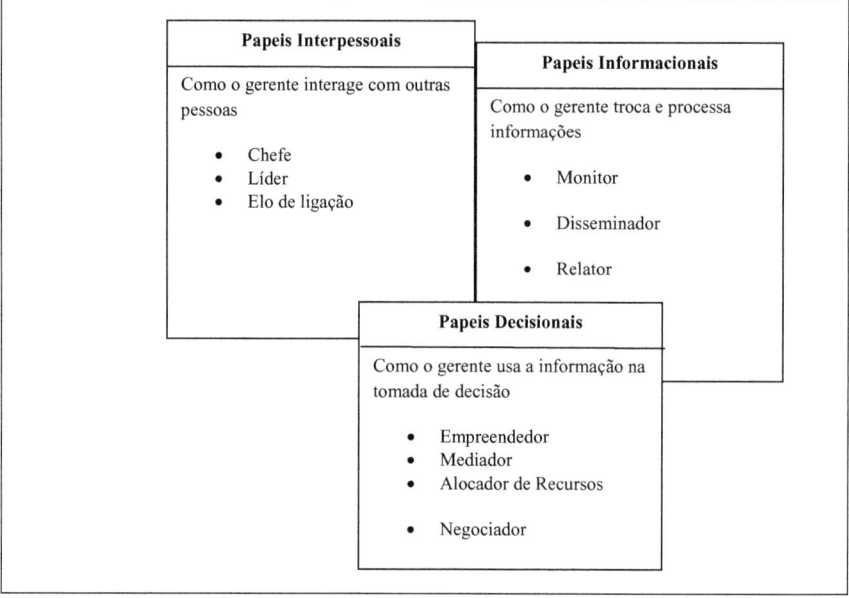

FIGURA 1: Comportamento organizacional. Fonte: Shermerhorn 1999, p. 32.

Pode-se observar que as três atividades ou papeis citados, como tarefas a serem desempenhadas por gestores que tratam com as pessoas. O tratamento com pessoas envolve habilidades indispensáveis para os gestores. Conforme afirma Schermerhorn (1999) ao dizer:

> "Os papéis informais envolvem a troca de informação com outras pessoas – procurar informações relevantes (monitor) dividi-las com pessoal interno (disseminador) e compartilhá-la com pessoal interno (relator). Os papeis decisionais envolvem a tomada de decisões que afetam outras pessoas. Incluem detectar os problemas a serem solucionados e as oportunidades a serem exploradas". Schermerhorn 1999, p.31

30

Contudo, o gerente de equipe é um profissional conhecido como provedor dos recursos necessários para o desempenho das atividades da equipe. Os gestores são nomeados de diversas maneiras, dependendo da organização em que atuam. Para Shermerhorn (1999, p.30), "o gerente também chamado de supervisor, chefe de departamento, gerente-geral, líder de equipe, coordenador, diretor de projeto é o responsável pelo trabalho que geralmente é realizado através do esforço de uma ou mais pessoas".

Katzenback (1994) relata que o sucesso de um trabalho de equipe depende principalmente da crença em propósitos firmemente consolidada nas mentes dos lideres de equipe, neste aspecto Katzenback (op.cit) afirma que: "[...] é fácil ver como propósitos tais são capazes de motivar e energizar líderes de equipes potenciais para que atuem intuitivamente de forma que possibilite a criação de equipes reais". Katzenback (1994 p.143).

O autor supracitado elege seis condições que são necessárias para um bom desempenho em liderar equipes: manter a relevância e o significado do proposito, das metas e da abordagem da equipe; construção de senso de compromisso e confiança; fortalecimento dos níveis de conhecimento, capacidade de gerenciar relacionamentos com pessoas externas a equipe; dar oportunidade a outros; realização de trabalhos reais.

Entretanto Katzenback (1994) adverte que uma parcela de administradores considera que a seleção do líder de equipe é a única coisa importante. Nesse sentido ignoram aspectos essenciais da liderança de equipe analisados por ele, como, por exemplo, a indevida limitação de escolhas:

> "tipos diferentes de pessoas podem atuar eficazmente como lideres de equipes'. [...] Ademais, e talvez mais sutilmente cada equipe exige um equilíbrio diferente entre ação e paciência. A preservação de cada um dos elementos essenciais da equipe constitui um alvo dinâmico". Katzenback (1994 p.151).

 Na perspectiva do gerenciamento de equipes, na área de Tecnologia da Informação, adotar-se-á uma abordagem à luz da teoria apresentadas por Chang (1996) e publicada em seu livro intitulado "Sucesso através do trabalho em equipe". Tal teoria servirá de arcabouço teórico, para o estudo comparativo entre as teorias apresentada pelo autor e as formas de gerenciamento aplicadas pelos gestores da área de tecnologia da informação, em suas praticas nas empresas a serem pesquisadas.

2.2. Tecnologia da Informação e seus Impactos na Organização

O uso da tecnologia da Informação e os aspectos relevantes de computação e informática conforme Bio (2008) merecem destaque em função da acelerada evolução da tecnologia. De forma análoga, a ausência de recursos tecnológicos pode representar diretamente perda de eficiência e desempenho. Conforme Laudon (2007 p. 31) "os sistemas de informação são parte integrante da empresa". No entanto, segundo Laudon (2007 p.44) [".. para usar os sistemas de informação com eficiência, é preciso entender as dimensões organizacional humana e tecnológica que as formam"].

Fonte: Laudon (2007, p.11). FIGURA 2: Dimensões do Sistema de Informação.

Nesse contexto, pode-se inferir que as organizações executam e coordenam seus trabalhos por meio de processos organizacionais informatizados ou não. Nessa perspectiva Laudon (2007), afirma que os processos organizacionais utilizados nas empresas são comportamentos e tarefas logicamente relacionados para a execução do trabalho. Observa-se que as atividades praticadas, nas organizações, são estruturadas por diferentes níveis e especializações. A estas estruturas e suas especificidades revela-se segundo Laudon (2007), uma clara divisão do trabalho.

A divisão do trabalho é definida no ambiente corporativo, conforme Bio (2008), pela departamentalização das atividades. Neste contexto, pode-se afirmar, conforme Batista

32

(2004), que a área de tecnologia da informação é uma área dentro da empresa, e entre suas atribuições compreende o suporte a todas demais área da organização. Uma forma estruturada de oferecer tal suporte na perspectiva de Batista (2004) é a participação no planejamento estratégico da organização.

> "Atualmente, o planejamento dos recursos indispensáveis aos sistemas de informação é chamado de Planejamento Diretor de Tecnologia da Informação PDTI, sendo sua principal característica o alinhamento com o Planejamento Estratégico e Operacional". (BATISTA, 2004, p.45).

A participação da área de TI, no planejamento estratégico da organização, permite ao gestor da área de TI, entre outras peculiaridades, a compreensão do número de profissionais necessários para atender as necessidades especificadas pela organização. Conforme Batista (2004), dentro do planejamento, por exemplo, pode estar definida a nova maneira de comercializar produtos e serviços, usando telemarketing, ou as formas de comércio eletrônico. Nessa perspectiva, o gestor de TI poderá fazer o dimensionamento da sua equipe de trabalho, alinhando o perfil técnico de sua equipe às diretrizes propostas no planejamento estratégico da organização. Observe-se que uma forma muito utilizada pelos gestores da área de TI, para adequação das demandas recebidas pelo setor e a resolução das mesmas pelo departamento, é a divisão dos profissionais que compõem a área de TI, em "equipes" criando subáreas, dentro do departamento de tecnologia da informação.

2.2.1 Metodologia proposta por Richard Chang

Richard Chang Associates é uma empresa de consultoria e aperfeiçoamento organizacional, com sede em Irvine, Califórnia. A empresa fornece uma ampla gama de produtos e serviços a clientes localizados em todo Estados Unidos e internacionalmente, nas áreas de aperfeiçoamento da qualidade, planejamento estratégico, desenvolvimento gerencial e profissional e gerenciamento de recursos humanos. Richard Y. Chang é presidente e CEO da Richard Chang Associates, autor da metodologia publicada no livro "Sucesso através do trabalho em equipe", abordado nesta pesquisa.

Conforme propõe a metodologia desenvolvida por Chang (1996), somente identificar os membros de uma equipe e seus objetivos não é suficiente para dizer que uma equipe é eficiente. Entretanto, se conhecer a dinâmica de um grupo e aplicar técnicas para melhorar a eficácia da equipe, obtém-se objetivos satisfatórios.

Essas técnicas incluem: *comunicação efetiva, escuta ativa, resolução eficaz de conflitos, diversidade da equipe, e motivação da equipe.*

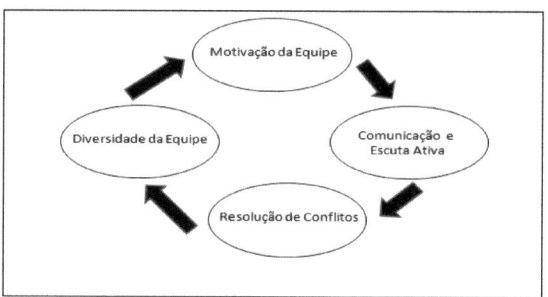

FIGURA 3: A chave para um trabalho de Equipe Eficaz. Fonte: Chang (1996, p.6).

"Esta não é uma lista completa de todos os fatores que afeta a dinâmica interpessoal dos membros da equipe. Enfocar, no entanto, essas áreas-chave será já meio caminho andado para colher todos os benefícios de um verdadeiro trabalho em equipe". Chang (1996, p.6).

De acordo com Chang (1996) as equipes devem ser ensinadas a praticar a arte da comunicação, os participantes devem ser treinados para resolver conflitos e motivados a alcançar a excelência. Utilizando estes procedimentos à equipe poderá ser bem sucedida, e a organização verá os benefícios que somente uma equipe eficiente poderá obter. Ainda conforme afirma Chang (op. cit) a comunicação é essencial para um bom trabalho de equipe.

FIGURA 4: Comunicação. Fonte: Chang (1996, p.7).

O autor supracitado descreve a vantagem da boa comunicação: "A comunicação eficaz é o ponto de partida para compreensão, interpretação e ação". Neste contexto a teoria alerta para a importância da comunicação durante a execução do trabalho em equipe. Ao aceitar os conceitos propostos por Chang (1996) como conceitos validados, faz-se necessário refletir sobre um segundo aspecto: A boa comunicação na equipe de trabalho parece ser uma atribuição de competência daqueles que são responsáveis pela gestão da equipe de trabalho. Neste sentido, os gestores devem verificar também as desvantagens e os riscos encontrados no processo de comunicação numa equipe de trabalho. Conforme Chang (1996, p.7), "[...] uma comunicação ineficiente num grupo pode levar à incompreensão, à má interpretação e a inação ou uma ação impropria".

Observa-se que a comunicação entre os membros de uma equipe pode ser eficaz se realizada adotando critérios. Pressupõe que estes critérios de boa comunicação devem ser permanentemente gerenciados pelos responsáveis pela condução da equipe de trabalho. Chang (1996) descreve em sua teoria que para fechar o circulo da comunicação eficaz é importante os membros adotarem o método de escuta ativa. A comunicação eficaz conforme aponta Chang (1996) envolve um processo de dois sentidos. Se uma pessoa não está ouvindo e compreendendo o que o outro fala, então não se estabelece uma comunicação eficaz. A comunicação se torna eficaz quando consegue comunicar ao emissor que ele foi ouvido e compreendido. Existem cinco técnicas de escuta ativa, propostas por Chang (op. cit), que, segundo o autor, facilitam a comunicação. Estas técnicas se resumem em mensagens trocadas entre membros de equipes, as quais respostas de escutas não verbais, paráfrase, refletir sobre as implicações, solicitar contribuições e refletir sobre pensamentos subjacentes, devem fazer parte do dialogo entre as equipes.

Segundo Chang (1996) todos os membros da organização deve conhecer e praticar gradativamente, a escuta ativa até que ela se torne parte de cada membro da equipe. O autor cita em sua teoria a técnica de resolução de conflitos, como importante ferramenta para a manutenção do trabalho em equipe. Esta técnica torna-se importante, pois se observa no contexto organizacional nas equipes de trabalho, a presença de conflitos com certa frequência. Neste aspecto Chang (1996, p.39) informa que "qualquer equipe que esteja trabalhando duramente para alcançar seus objetivos está sujeita a entrar em conflito". Sendo assim, desentendimentos podem ocorrer, mas, segundo Chang (1996), o resultado não deve ser negativo.

FIGURA 5: Resolução de Conflitos. Fonte: Chang (1996, p.39)

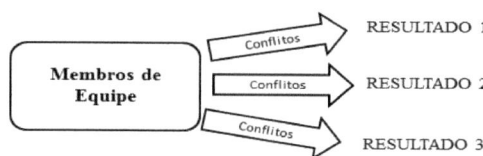

A resolução mais coerente para um conflito é não deixar o conflito aumentar. Se o conflito for controlado logo no inicio, de forma eficaz, poderá aumentar o desempenho da equipe. Para Chang (1996, p.44) "desmanchar o conflito antes que ele entre em erupção aumenta o engajamento e a produtividade de sua equipe". A diversidade da equipe pode ser uma causa eminente dos conflitos nas equipes. Embora uma equipe de pessoas com idéias idênticas possa estar livre de conflitos, essa equipe pecaria por falta de novas idéias. Contudo, Chang (1996, p.63) descreve algumas das características que podem levar a desafios numa equipe "As diferenças de personalidade, cultura, gênero, metas, preferências sexuais etc., podem ser a causa de dificuldades". Conforme o autor, para enfrentar tais desafios, a equipe precisa estar motivada. Segundo Chang (1996, p.79) "[...] a motivação estimula os membros em direção à excelência e empurra a equipe para o cumprimento de suas metas". Neste sentido, a figura 6 apresenta alguns fatores que, segundo Chang (op.cit), caracteriza-se como fatores de manutenção da motivação na equipe de trabalho.

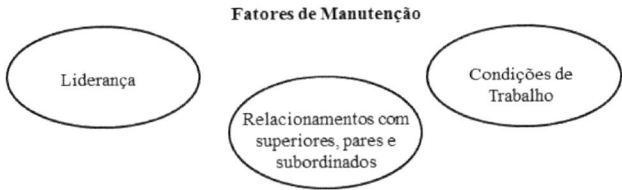

Fatores de Manutenção

FIGURA 6: Fonte: Chang (1996, p.79). Fatores de Manutenção.

Contudo, Chang (1996) ressalta que os fatores de motivação não devem ser negligenciados mesmo que não os motivem eles tem grande influência na redução da insatisfação da equipe.

Considera-se importante esclarecer qual teoria foi adotada para embasar a pesquisa a ser realizada com os gestores da área de tecnologia da informação. Ao ler diversos autores que tratam do tema "equipe" destaca-se Chang (1996).

> "Richard Y. Chang é presidente e CEO da Richard Chang Associates, Inc., uma firma de consultoria de consultoria de melhoria organizacional, baseada em Irvine, Califórnia. Ele é internacionalmente reconhecido por sua estratégia gerencial, melhoria da qualidade, desenvolvimento organizacional, preocupação com a satisfação do cliente, habilidade de desenvolvimento de recursos humanos" (CHANG 1996 p.40).

Conforme apresenta a obra "Sucesso através do trabalho em equipe", as teorias apresentadas na referida obra tem expressiva afinidade com os propósitos desta pesquisa. Neste aspecto entende-se que pesquisar "gerenciamento de equipes na área de tecnologia da informação", depende de teorias que fundamentam o trabalho em equipe com qualidade. Nesta perspectiva, a pesquisa ora proposta esta fundamentada nos quatro pilares básicos, que segundo Chang (1996), apresenta-se como chave para um trabalho de equipe eficaz. *Comunicação e escuta ativa, resolução de conflitos, diversidade da equipe, motivação da equipe.* Estes quatro pilares descritos por Chang (1996, p.6), foram adotados nesta pesquisa como critérios de verificação nas organizações a serem pesquisadas. Neste contexto a verificação da existência ou não dos conceitos propostos nos quatro pilares da teoria de Chang (1996), serviu de elo e ligação ao terceiro objetivo especifico desta pesquisa que é *Analisar as práticas declaradas pelos gestores à luz da metodologia de Chang (1996).*

A adoção de uma metodologia, como arcabouço teórico para este estudo, se definiu a partir da leitura e análise feita pelo pesquisador de diversos autores especializados no tema "equipes". É importante ressaltar que após análise da produção científica que trata do tema

37

"equipes", foi selecionado um conjunto de autores e obras que tratam o assunto. A elaboração da TAB. 1 contendo as teorias propostas pelos autores foi construída visando três propósitos bem definidos. O primeiro: encontrar nas obras dos autores selecionados teorias consistentes que estabeleçam critérios, métodos ou técnicas sobre a condução de "equipes" e "gerenciamento de equipes". O segundo propósito, não menos importante, foi redigir na tabela elaborada as teorias sintetizadas de cada autor. O terceiro foi selecionar uma das teorias que mais se aproxima do objeto de estudo desta pesquisa, entre os seguintes autores e obras:

TABELA 1: Autores e Obras

Nº	Autor	Obra
1	Scholtes, Peter R	Times da Qualidade: como usar equipes para melhorar a
2	Castilho, Áurea	Construindo equipes para Alto Desempenho.
3	Robbins, Harvey	Por que as equipes não Funcionam.
4	Batitucci, Márcio Dayrell.	Equipes 100%.
5	Katzenback, Jon A	A Força e o Poder das Equipes.
6	Parker, Glenn M	O poder das Equipes.
7	Boog, Gustavo e Boog, Magdalena.	Con-Viver em Equipe.
8	Mucchielli, Roger	O trabalho em equipe.
9	Chang, Richard Y.	O sucesso Através do Trabalho em Equipe.
10	MOSCOVICI, Fela.	*Equipes dão certo:* a multiplicação do talento humano.
11	TRECKER, Harleigh Bradley.	Como trabalhar com grupos.

Tabela 2 desenvolvida pelo autor

A organização das teorias sobre "equipe" esquematicamente em tabela pode ter facilitada a analise das teorias e a identificação da teoria que mais se aproximou do objeto deste estudo. Neste sentido as teorias foram cuidadosamente analisadas, e, após análise, optou-se pela teoria proposta por Chang (1996), por se tratar da teoria que mais expressa os anseios desta pesquisa no que diz respeito ao "gerenciamento de equipes na área de tecnologia da informação".

3 METODOLOGIA

Nesta pesquisa; optou-se, primeiramente, por uma abordagem teórica acerca dos fundamentos sobre as equipes e o gerenciamento de equipes. Depois de abordar os conceitos históricos sobre o tema, além da formação de equipes, foram analisadas semelhanças e diferenças entre o gerenciamento praticado pelos gestores e o conceito estabelecido à luz da teoria de Chang (1996).

3.1 Quanto à Abordagem

A pesquisa realizada adotou uma abordagem qualitativa, uma vez que se buscou trabalhar com percepções de gestores de empresas de TI, sem a preocupação de medir os dados coletados e sim com a disposição de interpreta-los, buscando o significado dos mesmos.

3.2 Quanto aos Fins

A pesquisa adotada foi descritiva, que, segundo Best (1972:12-13) *citado por* Lakatos (2011, p.6), "Delineia o que é e aborda também quatro aspectos: descrição, registro, análise e interpretação de fenômenos atuais, objetivando seu funcionamento no presente".

3.3 Quanto aos Meios

Já quanto aos meios, esta pesquisa configura-se como pesquisa de campo. Conforme Figueiredo (2008, p.106), "pesquisa de campo consiste na observação espontânea dos fatos ou fenômenos, geralmente no próprio local onde ocorrem tais fenômenos".

3.4 Unidades de análise e sujeitos de pesquisa

Para a escolha das organizações a serem pesquisadas foram adotados os seguintes procedimentos:

Foi feito um levantamento junto à associação de classe dos profissionais da área de tecnologia e processamento de dados de Minas Gerais (SINDADOS-MG). O objetivo deste levantamento é obter, através do órgão, o nome das empresas da cidade de Belo Horizonte que tem profissionais da área de tecnologia devidamente registrados no sindicato, e o numero de funcionários dessas empresas. De posse da relação das organizações que possuem trabalhadores da área de tecnologia, foi feito um filtro para identificar as organizações que possuem gestores de equipes na área de TI. A partir do resultado desta filtragem foi definida a amostra da pesquisa. Selecionada a amostra foi feita entrevistas com os gestores responsáveis pela área de Tecnologia da Informação a fim de obter os dados necessários para sustentar esta pesquisa.

3.4 Instrumentos de coleta de dados

O instrumento de coleta de dados utilizado nesta pesquisa foi o seguinte: Entrevista semiestruturada com os gestores da área de tecnologia. A partir da analise dos dados foram verificadas as percepções que os gestores têm sob suas práticas de gerenciamento de equipe. Analisar tais práticas a luz das teorias de Chang (1996).

4. ANÁLISE E INTERPRETAÇÃO DOS RESULTADOS

Esta seção se inicia com a caracterização sócio demográfica dos sujeitos de pesquisa, que compuseram uma amostra intencional, não probabilística, os quais têm como característica comum à familiaridade com o tema estudado.

4.1 Caracterização dos Sujeitos

TABELA 2: Sujeito de Pesquisa.

Sujeito	Grau de Instrução	Atividade da empresa	Cargo	Nº de pessoas Gerenciadas	Equipamentos ativos na
S1	Pós-Graduação	Prestação de Serviços	Gerente de TI	20	4000
S2	Superior	Prestação de Serviços	Líder de equipe	8	15000
S3	Pós-Graduação	Prestação de Serviços	Líder de equipe	10	15000
S4	Superior	Prestação de Serviços	Supervisor de TI	12	20
S5	Superior	Prestação de Serviços	Diretor de TI	6	6
S6	Pós-Graduação	Governo	Gerente de TI	25	16000
S7	Mestrado	Prestação de Serviços	Líder de Equipe	25	150
S8	Superior	Prestação de Serviços	Supervisor de TI	18	3500
S9	Pós-Graduação	Prestação de Serviços	Gerente de Projetos	10	500
S10	Superior	Prestação de Serviços	Gerente de TI	45	4000

Fonte: Dados da pesquisa

Analisando-se o quadro 1, verifica-se que foram entrevistados 10 sujeitos, cujas características sócio demográficas são apresentadas a seguir. Três deles são gerentes de tecnologia da informação, três (3) líderes de equipes, dois (2) Supervisores de tecnologia da informação, um (1) Gerente de projetos de tecnologia da informação e um (1) Diretor de tecnologia. Pode-se inferir que, mesmo exercendo cargos diferentes, todos os sujeitos desta pesquisa trabalham com gerenciamento de equipes na área de tecnologia da informação. Esta familiaridade com o tema estudado, neste trabalho, assegura credibilidade de suas respostas.

GRÁFICO 1: Cargos.

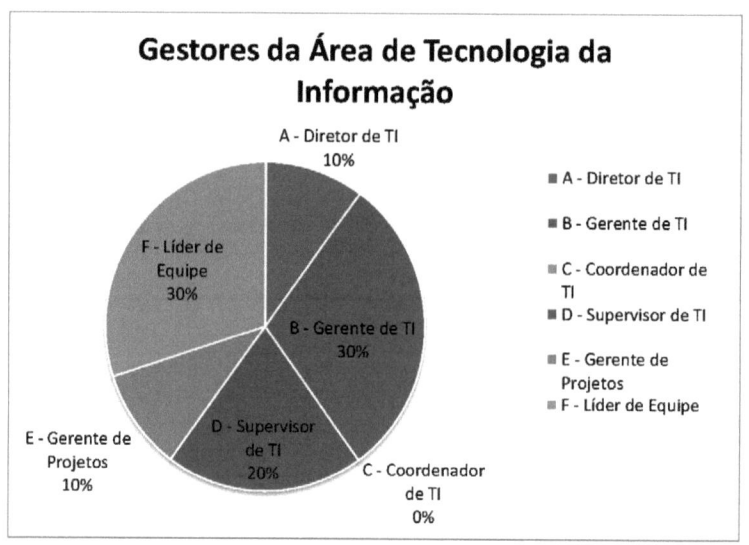

Gestores da Área de Tecnologia da Informação

A - Diretor de TI
10%

F - Líder de Equipe
30%

B - Gerente de TI
30%

E - Gerente de Projetos
10%

D - Supervisor de TI
20%

C - Coordenador de TI
0%

■ A - Diretor de TI
■ B - Gerente de TI
■ C - Coordenador de TI
■ D - Supervisor de TI
■ E - Gerente de Projetos
■ F - Líder de Equipe

Como se infere da observação do gráfico 1, a maioria dos entrevistados são "líderes de equipes", na área de tecnologia da informação. Cerca de 30% dos gestores entrevistados traz o termo 'equipe' no nome do cargo. Este percentual chama a atenção para a importância que as organizações dão para o trabalho desenvolvido em equipe. Tal fato ajuda a justificar a relevância de um estudo focado no gerenciamento de equipes na área de TI.

Quanto à formação dos entrevistados, existe uma variação significativa entre os sujeitos, oscilando, em sua maioria, entre superior completo e pós-graduação completa, dentre outras. Portanto há diversidade de formações, mas com percentual baixo de mestres que exercem cargos de gestão na área de tecnologia da informação. Com relação a gestores com nível de doutorado, estes não foram encontrados na pesquisa, conforme apresenta o gráfico 2.

GRÁFICO 2: Grau de Instrução.

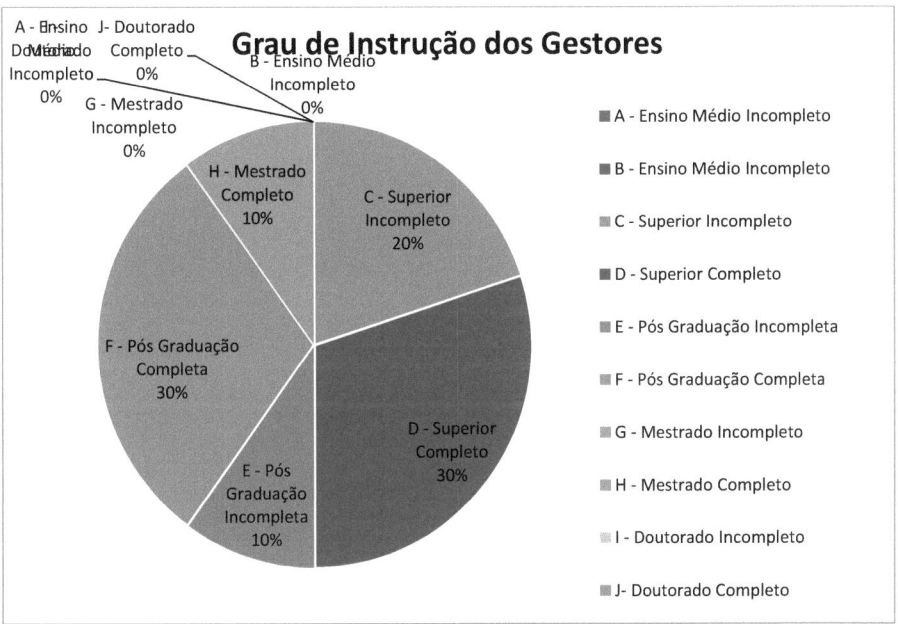

GRÁFICO 3: Ramo de Atividade da Organização.

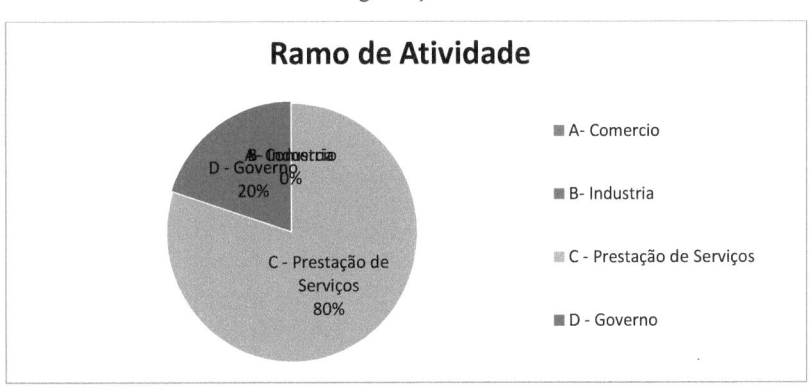

Como se verifica da observação do gráfico 3, a maioria dos gestores entrevistados, cerca de 80%, trabalha com atividades ligadas à prestação de serviços. Esta constatação revela uma

43

característica que merece destaque: as organizações, cuja atividade fim é a prestação de serviços, possuem um número expressivo de gestores na área de TI, seguido das empresas públicas, as quais 20% dos gestores entrevistados pertencem a este segmento, de acordo com a pesquisa.

GRÁFICO 4: Equipamentos.

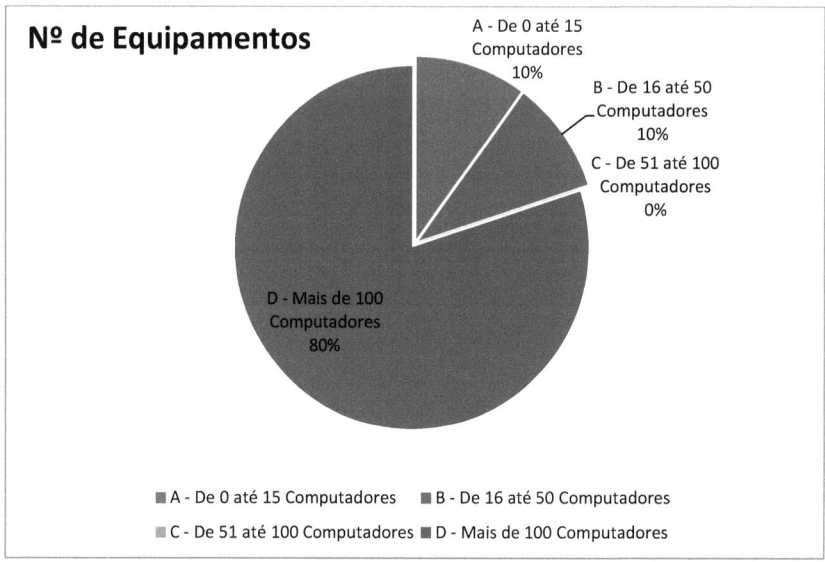

Analisando o gráfico 4, observa-se que a maioria dos gestores entrevistados trabalham em organizações que possuem mais de cem (100) computadores ativos e em operação. Esta categoria de análise leva-se em consideração o tamanho da organização, sob a ótica do número de computadores instalados. Neste sentido após a analise do gráfico 4, conclui-se que 80% dos gestores entrevistados trabalham em organizações que possuem um número expressivo de equipamentos . Portanto 80% dos entrevistados gerenciam suas equipes em empresas com uma demanda alta por profissionais de TI. Somente 20% dos entrevistados declaram gerenciar suas equipes em organizações que possuem até cinquenta (50) computadores instalados.

GRÁFICO 5: Tamanho das Equipes

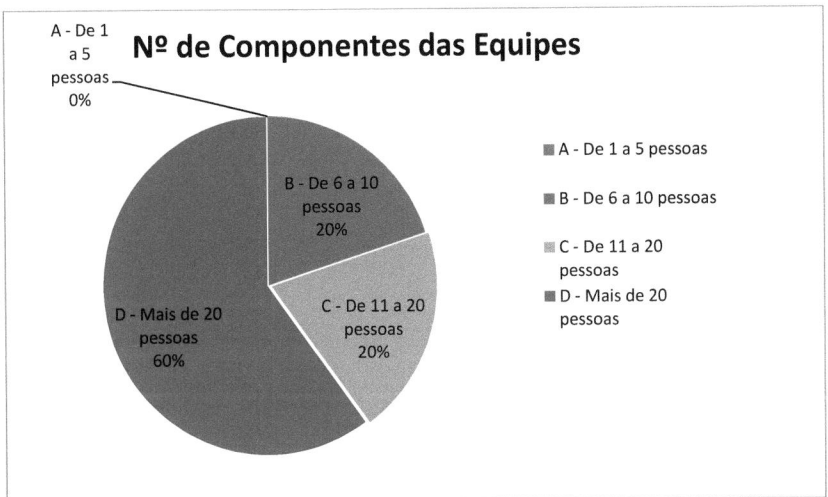

Como se infere da observação do gráfico 5, a maioria dos entrevistados, cerca de 60% gerenciam equipes com mais de vinte (20) pessoas. Observa-se coerência entre este dado e as informações apresentadas no gráfico anterior, no que concerne ao numero de equipamentos ativos em operação nas organizações. Ora se existe um numero expressivo de equipamentos nas organizações, a demanda por pessoal da área de TI é significativa. Logo o percentual de equipes com mais de vinte (20) profissionais justiça-se pelo numero de equipamentos em operação apresentados pelo gráfico 4.

As perguntas feitas aos sujeitos de pesquisa foram gravadas e transcritas. Passa-se, a seguir, a apresentar a análise dos conteúdos observando as categorias definidas abaixo.

4.2 CATEGORIAS DE ANÁLISE

Uma vez feita a leitura detalhada da obra "Sucesso através do trabalho em equipe" do autor Chang Richard (1996) e analisados os principais aspectos realçados na metodologia do autor, identificaram-se as seguintes categorias de análise:

1. Exemplos de comunicação ineficaz identificados na equipe

2. Exemplos de comunicação eficaz na equipe

3. Exemplos de interação com membros da equipe em que houve benefício da escuta ativa

4. Identificação de conflitos e procedimentos para minimiza-los

5. Escolha de membro não participante da equipe e recurso para motiva-lo.

A seguir faz-se a análise das entrevistas com base nas categorias identificadas.

Categoria (1) Quais exemplos de comunicação ineficaz verificam-se em sua equipe?

S1: Falta de comunicação com outros setores da empresa.

S2: Falta de comunicação com gestores da empresa.

S3: A comunicação via e-mail é insuficiente ou falha.

Nota-se pelos relatos a seguir que os gestores da área de TI têm a precisa noção do problema de comunicação na sua equipe e com seus superiores. A falta de comunicação gera conflito entre a necessidade da rapidez e eficiência na prestação serviços aos clientes. Conforme afirma a maioria dos gestores a comunicação com os demais membros da equipe só existe em reuniões esporádicas.

Temos muitas dificuldades de comunicação com outros setores da empresa, o mesmo ocorre com a diretoria. É a mesma corporação porem às vezes não têm informações necessárias para solucionar problemas de rotina" S2.

46

S1: afirma que tem dificuldades de comunicação entre os setores da empresa, mesmo em problemas de rotina. Segundo o entrevistado é a mesma corporação porem as informações fundamentais para solucionar problemas não são passadas por outros setores.

Mesmo reconhecendo a importância da comunicação, alguns dos sujeitos chamaram a atenção para a falta da mesma, em suas equipes de trabalho.

> *"... a falta de envolvimento faz eles (a equipe) trabalhar individualmente, realmente separados. Neste momento eu tenho que intervir colocar cada um realizando sua atividade para evitar discussões. A equipe trabalha de forma individualizada como se fosse uma disputa, este aspecto considera um exemplo de comunicação ineficaz, de falta de engajamento..." S4.*

> *"... A comunicação por e-mail é ineficaz. Ao enviar e-mail para a equipe, eles não entendem o e-mail. Talvez isto seja uma falha minha, mas isto acontece muito, não há compreensão da informação via e-mail..." S3.*

As falas dos sujeitos apontam para falha de comunicação não somente entre os membros da equipe, mas também entre o gestor e os seus colaboradores.

> *"... o problema da comunicação ineficaz é a falta de entrosamento da equipe. Como a maioria das atividades da empresa são online, às vezes há um determinado problema em um cliente a equipe fica sem saber qual dos membros resolveu, ou deixou de resolver. Neste aspecto a comunicação ainda é falha. A especificidade das atividades da equipe em sua maioria online contribui para ineficiência da comunicação." S5.*

Coincidindo com o exposto por esses sujeitos, Chang (1996) mostra em detalhes como o termo *comunicação* pode ter significados diferentes de indivíduo a indivíduo, dependendo de suas perspectivas. Entre algumas questões identificadas por Chang (1996, p.13), pode-se citar:

> *[...] as pessoas acham que são boas comunicadoras e que os outros não são.*

> *Os gestores acham que não existe comunicação suficiente por parte dos superiores.*

> *Gestores "acreditam que as pessoas de outros departamentos usam a comunicação (ou sua falta) para defender suas áreas"* Chang (1996, p.13).

A eficácia da teoria de Chang (1996), ao descrever as situações diárias de um gestor de equipe, percebe-se que se aplica também aos gestores de tecnologia da informação, pela proximidade das falas dos entrevistados e a descrição do autor citadas acima e verificadas com maior veemência na exposição do gráfico 6 que trata especificamente de analisar esta categoria.

GRÁFICO 6: Comunicação ineficaz

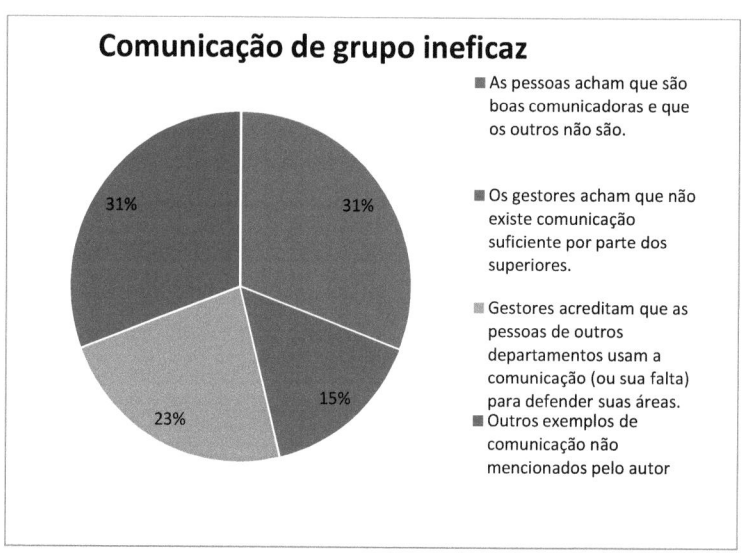

Como se infere da observação do gráfico 6, um percentual expressivo dos entrevistados cerca de 31% afirmam que: " as pessoas acham que são boas comunicadoras e que as outras não são". Ainda de acordo com a analise do gráfico um percentual considerável dos entrevistados cerca de 23% " acreditam que as pessoas de outros departamentos usam a comunicação (ou sua falta) para defender suas áreas. Conforme se verifica:

> [...] *a comunicação não permeia todos os departamentos da empresa. O projeto nasce é concebido no plano estratégico na alta administração, mas não consegue permear todos os departamentos responsáveis pela execução das atividades de forma eficaz. A comunicação passa por um determinado departamento quando é transmitida a outro departamento chega de forma distorcida. Os*

48

departamentos tendem a distorcer as informações em benefício próprio. S10.

Verifica-se ainda que 15% dos gestores entrevistados acreditam em outra característica da teoria de Chang (1996), ao afirmar que: "não existe comunicação suficiente por parte dos gestores". Exemplo:

> [...] *Os serviços de mensageria eletrônica não funcionam entre os departamentos e principalmente entre membro da alta administração da empresa* [...] *S1.*

Foram citados, outros exemplos de comunicação ineficaz que não correspondem às características descritas por Chang (1996) em sua metodologia. Este percentual representa 31% do total dos entrevistados.

Categoria (2): Exemplos de comunicação eficaz na equipe

Os depoimentos, a seguir, ressaltam exemplos de comunicação eficaz na visão dos gestores entrevistados. Segundo Chang (1996, p.14), "... uma equipe que se comunica bem progride a tempo e atinge seus objetivos". No entanto, verifica-se através das falas dos gestores, que o tipo de comunicação que os gestores consideram eficaz diverge consideravelmente do modelo de comunicação que o autor Chang Richard considera como eficaz. Conforme Chang (1996), a comunicação é vital para o desenvolvimento e sucesso de uma equipe. Segundo o autor se os membros de uma equipe se comunicam bem, as chances de sucesso aumentam. Nesta perspectiva o autor considera que comunicar bem é praticar:

- O dialogo rotineiro

- O dialogo interpessoal

Segundo Chang (1996), o tipo de comunicação que funciona melhor é o diálogo interpessoal rotineiro. Para o autor a comunicação só é eficaz quando os membros da equipe interagem entre si. Considera-se, portanto, que a comunicação é eficaz quando as pessoas com quem estamos nos comunicando recebem nossa mensagem, a compreendem, lembra-se dela, e o mais importante a respondem de maneira apropriada.

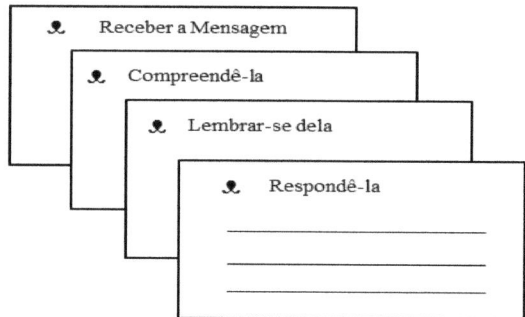

FIGURA 7: Comunicação eficaz. Chang (1996, p.14)

A partir da analise da metodologia proposta por Chang (1996), considera-se que: A comunicação considerada eficaz é estabelecida a partir do dialogo interpessoal rotineiro. Neste contexto observa-se que um percentual elevado dos gestores da área de tecnologia da informação não considera os aspectos citados por Chang (1996), como exemplo de comunicação eficaz. Conforme se observa nas falas dos gestores.

> [...] *são três pontos. O primeiro é o telefone, a maneira mais rápida de comunicar, e-mail sempre funciona. Atualmente nos temos equipes no Brasil inteiro, então é uma maneira barata de se comunicar e fica registrado. E por ultimo temos a nossa pagina corporativa a intranet, onde colocamos informações gerais para todos da equipe. Então são as três formas de comunicação que funciona S1.*

Observa-se a partir da analise da fala do gestor S1, que a comunicação considerada eficaz é o telefone, e-mail, e o portal corporativo da organização. O gestor justifica informando que as duas últimas formas de comunicação são "baratas", e tem o beneficio de ficar registrado. Portanto fica claro que o gestor desconsidera o dialogo interpessoal rotineiro como pratica eficaz de comunicação. Nesta mesma perspectiva outros gestores não reconhecem o dialogo interpessoal e rotineiro como melhor forma de comunicação em suas equipes de trabalho. Esta afirmação pode ser verificada nos relatos dos gestores S2 e S3.

> [...] *comunicação eficaz, isto é o que mais acontece aqui na empresa, exemplo as solicitações são encaminhadas para os lideres e estes encaminham para suas equipes. A comunicação eficaz se da através do uso do sistema de controle de chamado técnico encaminhado à equipe S2.*

Conforme se verifica através do relato do gestor S2, identificado nesta pesquisa com o cargo de líder de equipe, nos informa que a comunicação eficaz é o procedimento mais frequente em sua empresa. No entanto o exemplo de citado como aferidor para esta boa comunicação é o uso do "controle de chamados técnicos" sistema corporativo utilizado pela equipe na organização. Expostos estes argumentos conclui-se que o dialogo interpessoal e rotineiro entre os componentes da equipe não são considerados nesta organização pela liderança como prevê a metodologia de Chang (1996).

> [...] *eu noto que as pessoas da minha equipe só respondem de maneira eficaz quando eu sou bastante incisivo na informação e repito a mesma informação mais de três vezes S3.*

A fala do gestor S3 nos remete a uma percepção interessante. Os integrantes da equipe respondem as instruções técnico/profissionais somente a partir da repetição das informações inúmeras vezes. Neste sentido este comportamento infere que o dialogo interpessoal rotineiro entre a equipe nesta organização é falho ou ineficiente. O numero expressivo de relatos desta natureza, revela-se que a maioria dos gestores da área de tecnologia da informação, que lideram equipes não tem o habito de praticar o dialogo interpessoal e rotineiro com sua equipe, conforme nos aponta o gráfico (7).

GRÁFICO 7: Comunicação eficaz

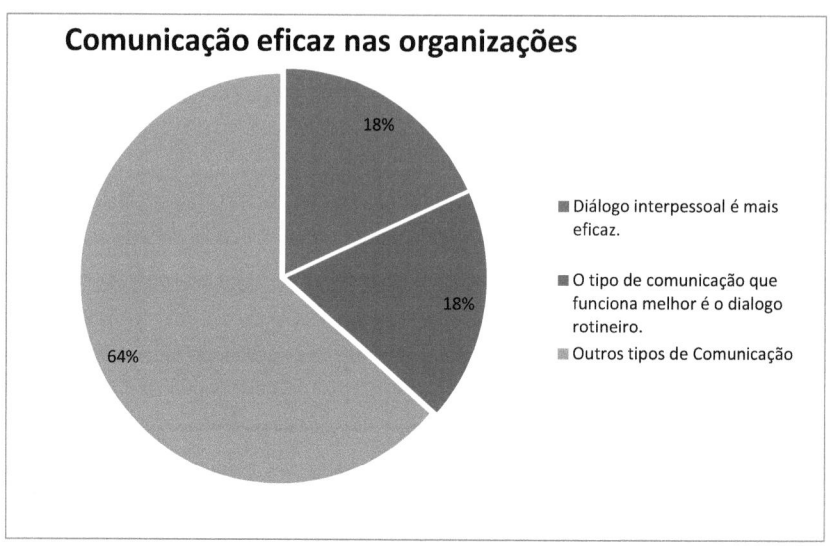

Comunicação eficaz nas organizações

18%

■ Diálogo interpessoal é mais eficaz.

■ O tipo de comunicação que funciona melhor é o dialogo rotineiro.

18%

64%

■ Outros tipos de Comunicação

Infere-se a partir da analise do gráfico (7), que um percentual baixo dos respondes, apenas 18% mencionaram em suas falas, que o tipo de comunicação que funciona melhor é o dialogo rotineiro. Da mesma forma entre os mesmos gestores apenas 18% mencionaram o dialogo interpessoal como forma de comunicação eficaz. A fatia que representa os 64% mostrado no gráfico (7), é o percentual caracterizado pelo tópico "Outros tipos de comunicação" ao qual representa os diversos tipos de comunicação mencionados pelos gestores como conceito de comunicação eficaz em equipe. Este fato revela a falta de conhecimento dos gestores da área de TI sobre a metodologia proposto por Chang (1996), no que se refere à aplicação dos conceitos.

Categoria (3): Exemplos de interação com membros da equipe em que houve benefício da escuta ativa

A metodologia proposta por Chang (1996) afirma que uma técnica eficiente para obter o sucesso no gerenciamento de equipe é a técnica da escuta ativa. Conforme Chang (1996), a escuta ativa significa:

"Olhar nos olhos da pessoa que está falando, balançar a cabeça em aprovação, inclinar-se para frente em direção a pessoa que fala dentre outras técnicas". CHANG (1996, P.29).

Ainda de acordo com Chang (1996), a prática da escuta ativa, no processo de gestão de equipes, deve vir acompanhada de cinco procedimentos que devem ser adotados pelos gestores de equipe em suas organizações.

- Permitir que os membros da equipe se expressem;
- Permitir que os membros da equipe se sintam apreciados, compreendidos e aceitos.
- Desenvolver a competência;
- Permitir que os membros pensem sobre eles mesmos.
- Permitir que os membros da equipe continuem responsáveis com suas tarefas.

Analisando os procedimentos acima, pode-se inferir que a comunicação é um processo em dois sentidos. Se os gestores não ouvirem e compreenderem o que um membro da equipe está dizendo, não há comunicação eficaz. Para Chang (1996), em qualquer tipo de equipe a escuta ativa é necessária. Neste contexto, vários são os depoimentos dos gestores que afirma praticar um ou mais dos procedimentos descritos por Chang (1996).

"Temos reuniões periódicas com a equipe. Nestas reuniões muitas vezes eu tenho que tentar padronizar alguns procedimentos que os membros não concordam. Esta é a principal dificuldade. Convencer o profissional a agir de uma forma que muitas vezes não é a forma que ele esta acostumado. Isto por uma serie de fatores: Ou por não fazer parte da sua área de formação, ou por não estar de acordo com suas crenças e convicções etc. As regras diante do que foi exposto então têm que ser impostas pelo líder e o profissional tem que confiar que a posição do líder, é a que reflete a posição da instituição. Nesta situação não tem como fazer isto senão usando reuniões usando a técnica da escuta ativa". S7.

Analisando a fala do gestor, identificado como S7, verifica-se que a técnica da escuta ativa está presente em reuniões periódicas da equipe. Portanto, a ocorrência das reuniões na organização indica que é permitido aos membros da equipe se expressar. Mas quando o gestor alega que algumas regras têm que ser impostas, observa-se que a permissão para que os membros da equipe se sintam apreciados, compreendidos e aceitos, não é praticada.

Mesmo sem fazer referência à expressão "escuta ativa", alguns gestores se referem às conversas, à análise de incidentes, que implicam nesta escuta.

> "... atualmente nós temos a reunião quinzenal, nesta reunião nós verificamos os incidentes, conversamos, e acaba que nos utilizamos estes recursos." S1.

Infere-se, a partir da análise do relato do gestor S1, que a reunião é o recurso utilizado pelo gestor para praticar a técnica da escuta ativa com os membros da equipe. Verifica-se que o uso da reunião como técnica para praticar a escuta ativa é quase um consenso entre os gestores da área de TI, conforme se vê na fala do gestor S10:

> "... tem a ver com interação vinculada com a escuta ativa. Tivemos um problema na semana passada. Precisávamos emitir um relatório mensal. Convoquei minha equipe para uma reunião, todos afirmaram que não havia possibilidade de elaboração de tal relatório. Conversei com todos os membros da equipe utilizando os métodos de escuta ativa. Mostrei a importância do relatório para a organização e consequentemente para a equipe. Todos os membros da equipe compreenderam a importância da tarefa, depois de duas horas e quarenta minutos o relatório ficou pronto, este é um exemplo de escuta ativa". S10.

Observa-se que o gestor S10 permite que os membros da sua equipe expressem o motivo da dificuldade do trabalho. Ao fazer esta declaração, ele procura mostrar a importância de tal atividade. Permitir que os membros pensem sobre eles mesmos é oportunidade de se afirmar a importância de cada um na equipe e permitir que cada um continue responsável por suas tarefas. Logo, é possível inferir que o gestor S10 pratica quase todas as competências da técnica da escuta ativa. Não é encontrado na fala deste gestor o desenvolvimento da competência da equipe. Neste sentido, analisando a fala de todos entrevistados para esta categoria, observa-se que a interação com os membros da equipe e o uso dos procedimentos de escuta ativa são adotados, mas num percentual baixo, conforme observa-se no gráfico (8).

GRÁFICO 8 Escuta ativa

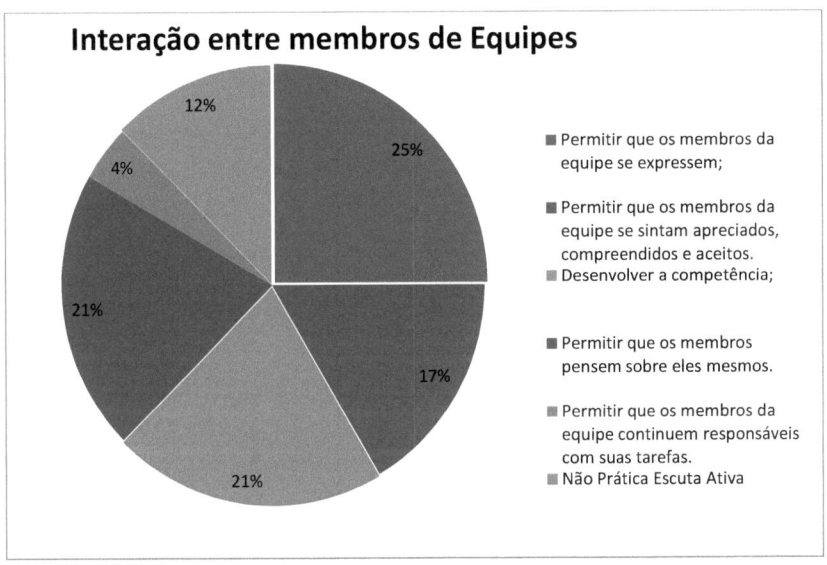

Conclui-se apartir da análise do grafico (8), que 25% dos entrevitados afirmam permitem que os membros da sua equipe expressem opinião idéias ou argumetem. Já, quando a permissão é para a equipe se sentir apreciada compreendida e aceita, 17% dos entrevistados afirmam praticar este procedimento. Outros 21% dos entrevistados afirmam desenvolver a competência com sua equipe. O mesmo percentual afirma que dão oportunidade para os membros de sua equipe pensar sobre eles mesmos e apenas 4% dos gestores disseram que permitem que os membros da equipe continuem responsáveis por suas tarefas. O dado mais surpreendente: 12% dos entrevistados afirmam não praticar nenhum dos procedimento da escuta ativa, portanto não praticam escuta ativa com em sua equipe de trabalho.

Categoria (4): Identificação de conflitos e procedimentos para minimiza-los

De acordo com Chang (1996), qualquer equipe que esteja trabalhando para alcançar seus objetivos está sujeita a entrar em conflito. Desentendimentos podem ocorrer. Mas o resultado deve ser positivo. O conflito pode trazer oportunidades para se encontrarem novas soluções, novas experiências para a equipe. É importante que os membros de uma equipe entendam que o conflito ou desacordo são inevitáveis e não são bons ou ruins em si. Ao estudar a metodologia proposta por Chang (1996), verifica-se que o sucesso através do trabalho em equipe, está relacionada à resolução de conflitos. Conforme aponta Chang (1996), o conflito pode levar a boas decisões e resultados interessantes para a equipe se bem gerenciado.

> "O conflito pode destruir o progresso de sua equipe se não for bem administrado; ele poderá levar a tomada de decisões saudáveis se bem gerido. O resultado dos conflitos depende de como você e seu grupo os administram". (Chang, 1996, p.39).

Nesta perspectiva, o gestor de equipe e seus membros devem adotar medidas para resolver os conflitos. De acordo com Chang (1996), desmanchar o conflito antes que ele se espalhe entre os membros da equipe, estreita o relacionamento e ajuda na produtividade da equipe. Por isso, é fundamental que todos os membros da equipe aprendam como resolver conflitos. Para Chang (1996), o líder não precisa ser a primeira pessoa a perceber o conflito na equipe. Mas todos os componentes devem fornecer um *feedback* dos colegas (pares), seja de crítica ou de aprovação. A partir da análise do *feedback* o gestor (líder), poderá tomar decisões mais eficientes.

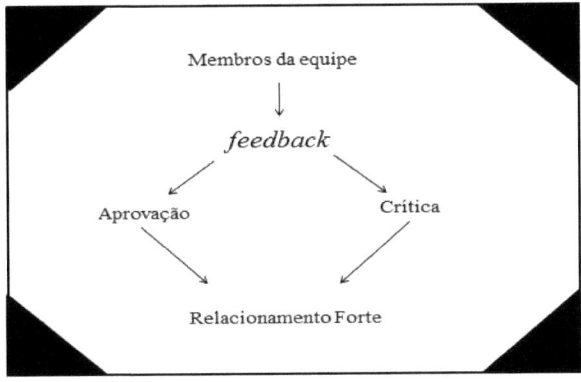

Figura 8 Resolução de conflitos. Chang (1996, p.44).

Ao gerenciar ou liderar equipes, Chang (1996), alerta que o gestor pode estar tão envolvido na discussão do grupo que poderá deixar de perceber conflitos entre os membros. A categoria (4), desta pesquisa propõe verificar se o gestor acredita que haja conflito em sua equipe de trabalho. Os depoimentos a seguir mostram que um percentual pequeno dos gestores afirma não possuir ter nenhum tipo de conflito em suas equipes. Mas a maioria dos entrevistados afirma que existe conflito em sua equipe.

> *"Não. Pois da maneira como atuamos não abre espaço para este tipo de atitude".* S6.

> *O modelo do contrato vigente acaba não abrindo espaço para este tipo de conflito. Todas as demandas são registradas no sistema, e as duvida são resolvida diretamente com supervisor.* S8.

Os gestores S6 e S8 afirmam que não têm nenhum tipo de conflito em suas equipes de trabalho. Analisando a fala do Gestor S6, infere-se que este gestor acredita que a gestão da sua equipe é eficiente, portanto não há espaço para conflito. Ao analisar a fala do gestor S8, verifica-se que o registro das informações no sistema e o modelo de contrato vigente na organização, faz o gestor compreender que não existe conflito em sua equipe. Observa-se que este não o ponto de vista da maioria dos gestores da área de tecnologia da informação, conforme de verifica nos depoimentos seguintes. Os gestores foram indagados da seguinte forma: Você acredita que existe conflito em sua equipe?

> *Com certeza. S1.*

Pode-se concluir, através da análise das respostas dos três gestores citados, que a maioria deles têm conhecimento de conflitos em sua equipe. Esta afirmação fica clara a partir da analise do gráfico 9, apresentado a seguir:

GRÁFICO 9 Conflitos nas equipes

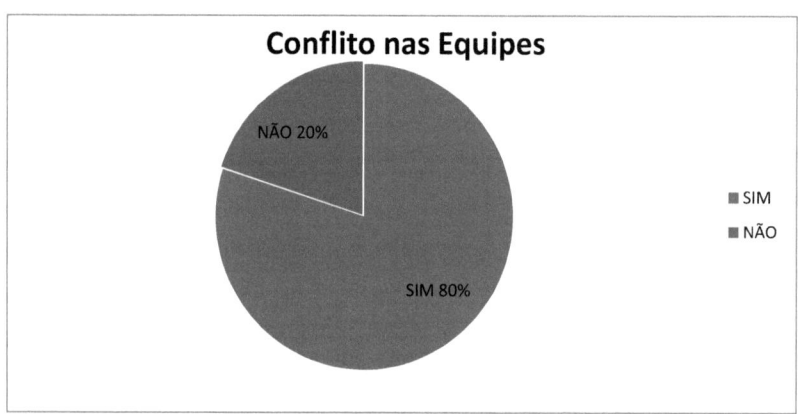

O gráfico (9) mostra que 80% dos gestores afirmaram que existe conflito nas equipes que gerenciam. Em contrapartida 20% acreditam que não existe nenhum tipo de conflito em sua equipe.

Chang (1996) afirma que, para entender melhor como administrar e resolver conflitos, o gestor precisa saber qual é a causa e os métodos necessários para resolvê-los. Buscando adotar meditas para resolver os conflitos gerados no trabalho em equipe, Chang (1996) propõe seis etapas para a resolução dos conflitos.

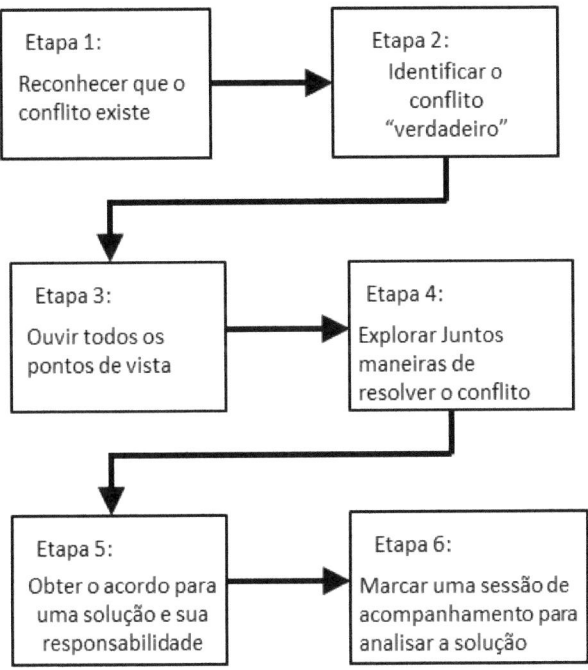

Figura 9: Etapas para a resolução de conflitos. Chang (1996, p.45).

Analisando as etapas para resolução de conflitos, passa-se a examinar as falas dos gestores. Com o objetivo de verificar se os mesmos praticam, e em qual percentual as etapas do modelo de resolução de conflitos proposto, foi feita a seguinte pergunta aos gestores da área de TI: quais procedimentos você tem praticado para auxiliar a minimizar os conflitos em sua equipe?

"Tento colocar as pessoas frente a frente para conversar. Acredito que a melhor forma de resolver um conflito é o diálogo. O resultado deste procedimento é ganha - ganha vamos considerar assim. Todas as partes envolvidas no

Verifica-se, através da fala do gestor S9, que as etapas um, dois, três, e quatro estão presentes, na afirmação do gestor. O gestor reconhece que o conflito existe. Podemos inferir que os membros da equipe são ouvidos. O gestor explora, junto com os membros da equipe, maneiras de resolver o conflito. Mas não menciona acordo para solução de conflitos e sua responsabilidade. O procedimento "marcar uma sessão de acompanhamento para analisar a solução encontrada", não está presente na fala do gestor. Ao analisar a categoria (4) revela-se alguns dados interessantes. O procedimento é obter o acordo para a solução e sua responsabilidade e marcar uma sessão de acompanhamento para analisar a solução dos conflitos não está presente na fala dos gestores, conforme se verifica no gráfico (10).

GRÁFICO 10 Procedimentos que minimizam conflitos

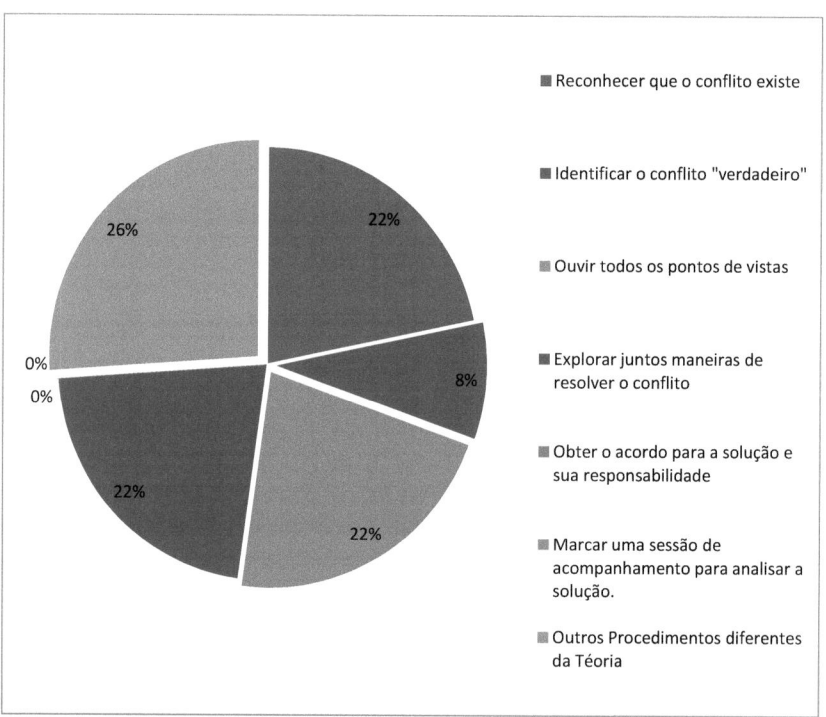

Observa-se no gráfico (10) que 26% das afirmações dos entrevistados, maior percentual do gráfico mencionam outros procedimentos diferentes da metodologia proposta por Chang

(1996), conforme utilizada para minimizar os conflitos. Este dado infere que os gestores da área de tecnologia da informação estão aplicando procedimentos que divergem da metodologia proposta pelo autor. 22% dos gestores reconhecem que existe conflito na equipe.

> *"Primeiramente entender a causa do conflito. Acontece de um membro da equipe querer mandar no outro, um não quer realizar uma determinada tarefa, quer repassar para o colega. Atualmente eu fui promovido a gerente de TI, então esta hierarquia ficou mais explícita. Então eu converso com equipe, caso algum membro não queira aceitar as regras é demitido. Tenho que usar um pouco desta autoridade". S1.*

Verifica-se, através da análise da fala do gestor S1, que o mesmo reconhece que o conflito existe. Mas as práticas adotadas para minimizá-los divergem da metodologia proposta por Chang (1996). Conforme a análise das falas dos gestores conclui-se que 22% dos argumentos dos gestores mencionam que escutam todos os pontos de vistas.

> *"É importante mostrar sempre qual é a visão institucional. Se o conflito é um conflito pessoal não se pode intervir diretamente, pois é pessoal. A intervenção é feita no sentido de mostrar aos envolvidos que precisamos de uma equipe unida na organização. No final do ano passado, nos estávamos tendo alguns problemas de relacionamento na equipe. A partir do diagnostico deste conflito nos fizemos um trabalho, de mostrar para o grupo que eles precisavam trabalhar em equipe. Lançamos desafios com metas que precisavam ser cumpridas em equipe. Um membro da equipe sozinho, não conseguiria cumpria a meta sem a ajuda da equipe. A meta é muito importante para estimular o espirito de equipe. Existe também o conflito, pois não fica claro para os integrantes da equipe, qual é a visão institucional. Quando algum procedimento ocorre na instituição e a visão institucional não é clara, haverá divergência entre os membros da equipe, e este fato facilmente acarretara conflitos na equipe. Neste momento o líder de agir e dialogar com equipe mostrando a visão institucional". S7.*

O gestor S7, afirma que o diálogo com os membros da equipe é importante para minimizar os conflitos na equipe. Logo se pode inferir que a etapa (3) da metodologia é satisfeita. O líder adota a postura de ouvir todos os pontos de vista, e mostra a importância do trabalho em equipe. Somente 8% dos entrevistados revelam, em suas afirmações, que adotam a etapa (2), que consistem em identificar o conflito "verdadeiro". A pesquisa revela que a etapa (4) esta presente em 22% das afirmações dos entrevistados, conforme se verifica.

> *[...] muita conversa. Eu converso bastante com os integrantes da minha equipe. Conversa e esclarecimentos, abrir o jogo mesmo com os acontecimentos, e tentar resolver as situações juntos. S3.*

Infere-se que o gestor S3, utiliza-se do diálogo com os integrantes da equipe para resolver os conflitos com as opiniões da equipe. Logo o gestor pratica a etapa (4), que consiste em explorar, juntamente com a equipe, maneiras de resolver os conflitos.

Categoria (5): Escolha de membro não participante da equipe e recurso para motiva-lo.

A categoria (5) tem por objetivo verificar quais ações um gestor de equipe de TI, tomaria para motivar um membro da sua equipe que se encontra desmotivado. Conforme Chang (1996), a motivação estimula os membros em direção à excelência e empurra a equipe para o cumprimento de suas metas.

Para Chang (1996), alguns fatores são determinantes para a manutenção da motivação da equipe. Liderança, relacionamentos com superiores, pares e subordinados e as condições de trabalho são desses fatores, em si, não trazem motivação, mas são necessários para impedir que a equipe fique insatisfeita.

Liderança

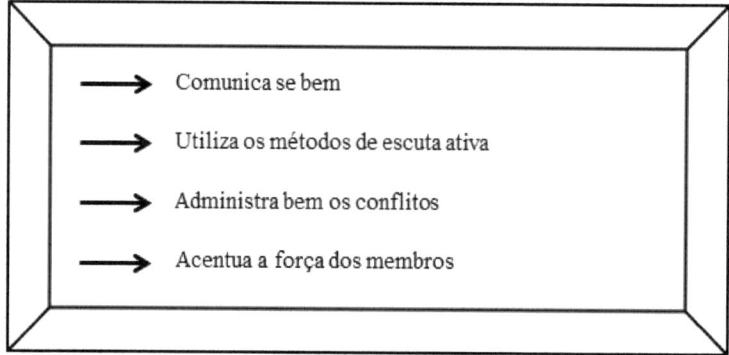

Figura 10 Motivação

A comunicação é um fator estratégico na organização. Chang (1996) revela que um líder de grupo, ou um chefe temporário de uma equipe de projeto, deve trabalhar a comunicação como parte chave do seu trabalho. A utilização dos métodos da escuta ativa, administrar bem os conflitos e acentuar a força dos componentes do grupo são estratégias eficientes. O gestor que adota tais procedimentos a equipe ficará satisfeita com sua liderança. De acordo com Chang (1996), em grupo de trabalho alguns membros podem estar desmotivados.

> *"Nem todos os membros de uma equipe são igualmente motivados a participarem e serem produtivos. Além de pessoas motivadas e produtivas você precisa motivar membros pouco ou não participativos para que seu engajamento cresça".* Chang (1996, p.85).

Nesta perspectiva, Chang (1996) propõe as seguintes estratégias, para auxiliar os gestores a transformar membros não participativos em participantes ativos:

- Peça sua opinião.

- Faça deles professores.

- Envolva-os em apresentações.

- Delegue projetos em que "possam aparecer".

Vários são os depoimentos dos gestores afirmando suas práticas para motivar membros desmotivados em suas equipes de trabalho. Neste aspecto foi verificado qual percentual das afirmações dos gestores estão relacionadas com as estratégias acima descritas pelo autor. Foi feita aos gestores entrevistados a seguinte pergunta: Escolha um membro não participativo da sua equipe e descreva que ações você utilizaria para motivá-lo?

A partir das falas dos gestores, é possível verificar que os gestores adotam procedimentos diferentes dos argumentos descritos pelo autor em sua metodologia.

> *"Conversar com o membro da equipe. Procurar identificar os motivos pelos quais esta deixando ele desmotivado. Oriento a procurar a gerencia caso o motivo seja financeiro. Procuro dividir mais as tarefas se este for o motivo do descontentamento do funcionário. Enfim procuro orientar o funcionário de acordo com o problema apresentado por ele". S(2).*

> *"Eu faria primeiro um esclarecimento, para identificar o que esta acontecendo, e se caso precisasse eu passaria para uma segunda etapa. Nesta etapa eu faria um treinamento. Se mesmo assim não adiantasse eu verificaria a possibilidade de problema pessoal. Se eu percebesse que nenhuma dessas três possibilidades não tivesse sucesso eu demitiria". S3.*

Observa-se que, no depoimento dos entrevistados S2 e S3, nenhum dos entrevistados mencionam algum dos procedimentos citados, pelo autor, como estratégia para motivar a equipe. Este fato fica mais objetivo a partir da análise do gráfico (11).

GRÁFICO 11 Motivação.

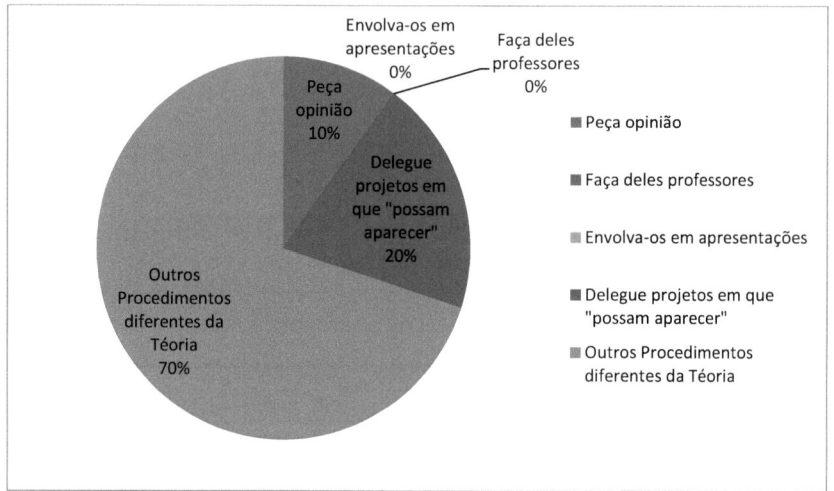

Observa-se que, nas falas de 70% dos entrevistados, não foram encontrados argumentos que coincidem com a metodologia do autor conforme apresenta as falas dos gestores S2 e S3. Logo se pode inferir que a maioria dos gestores não conhece a metodologia proposta pelo autor. A motivação de seus liderados é baseada em procedimentos diversos. Pedir opinião aos membros da equipe como forma de motivar somente 10% dos entrevistados:

> *"Dialogo. Escutar, ouvir o motivo pelo qual o membro da equipe esta desmotivado. Pedir sua opinião. Tentar detectar se é alguma questão pessoal ou profissional. Se for constatado que é uma questão pessoal, pode-se estabelecer um acordo, onde a liderança abra mão de algo o profissional da mesma forma [...]" S7.*

Analisando a fala do gestor S7, pode se observar que o gestor adota a técnica de ouvir opinião dos membros da sua equipe. Este procedimento é identificado como estratégico para minimizar conflitos em equipe, conforme a metodologia de Chang (1996). O percentual de gestores que afirmam delegar projetos em que os membros da equipe possam aparecer é de 20%.

"Tenho um exemplo de um técnico membro da minha equipe que trabalha em outra unidade. Este profissional é um excelente técnico, porem está desmotivado. Ocorre que este componente da minha equipe acredita que atualmente tem pouco trabalho. A forma que encontrei para motiva-lo foi designar tarefas importantes para este profissional, atender as emergências, prioridades, questões que demandam um conhecimento técnico maior, para mostrar que este profissional é útil para a organização". S8.

Verifica-se que o gestor identifica as razões pelas quais o profissional esta desmotivado, e indica tarefas em que ele possa aparecer. Este procedimento é considerado estratégico pela metodologia proposta por Chang (1996), pois auxilia a minimizar conflitos. Fazer dos membros da equipe professores e envolver os mesmos em apresentações foram estratégias que não foram citadas pelos gestores entrevistados, conforme se verifica no gráfico 11.

5. CONCLUSÕES E RECOMENDAÇÕES

O tema "equipes" é abordado com frequência nas organizações, atualmente e tem sido associado à ideia de produtividade. Para Maximiano (1986), trabalhar em equipe é um requisito vital para a obtenção de resultados. Logo, é importante para a academia um estudo que trata da abordagem do tema gerenciamento de equipes de trabalho. Além disso, gerenciar equipes torna-se importante para o administrador.

A presente pesquisa teve como objetivo traçar aspectos relevantes da administração de equipes e escolheu como área a ser pesquisada, a área de Tecnologia da Informação (TI), por se tratar de uma área estrategicamente envolvida em diversos setores das organizações. Para Laurindo (2002), o conceito de tecnologia da informação é mais abrangente do que os conceitos de processamento de dados, sistema de informação, engenharia de software, informática ou o conjunto de *hardware e software,* pois também envolve aspectos humanos, administrativos e organizacionais.

Nesse sentido, esta pesquisa apresentou dados sobre comunicação, diversidade de equipe, motivação e escuta ativa para a administração, na área específica de tecnologia da informação. Gestores, líderes de equipes, supervisores, coordenadores e profissionais envolvidos direta ou indiretamente com equipes, na área de tecnologia da informação, poderão utilizar este estudo para auxiliar no gerenciamento eficiente de suas equipes de trabalho.

Em relação à metodologia utilizada nesse trabalho, a abordagem adotada foi qualitativa, além de ser uma pesquisa de caráter descritivo. Na unidade de análise, verificaram-se as semelhanças e diferenças entre o gerenciamento praticado pelos gestores e o conceito estabelecido à luz da teoria de Chang (1996). Para isto, utilizou-se a análise de conteúdo das entrevistas realizadas com gestores da área de TI estabelecendo-se categorias a partir da teoria que fundamentou o estudo. Infere-se da interpretação das entrevistas que o trabalho em equipe é recorrente na fala de todos os gestores entrevistados.

Conforme se apresentou no gráfico (1), os gestores nomeados nos diversos cargos de gestão, na área de tecnologia da informação, afirmam trabalhar em equipe. Logo, essas afirmações expressam a teoria de Moscovici (1998 p.84), quando afirma: "... existem grupos em todas as organizações, equipes são raras ainda, embora ostentem esta denominação com frequência". Observa-se que, embora o trabalho em equipe apresente inúmeras divergências em relação à metodologia proposta por Chang (1996), os gestores consideram seus profissionais como equipes de trabalho.

Analisando-se o grau de instrução dos gestores, apresentado e sintetizado no gráfico (2) verifica-se que a área de tecnologia da informação em Belo Horizonte, possui um percentual muito baixo de mestres e doutores atuando como gestores de equipes na área de tecnologia da informação. Embora isto seja comum em muitas organizações, o dado alerta para a carência de pesquisa e pesquisadores na área de TI em Belo Horizonte. O mesmo gráfico aponta que um elevado percentual de gestores que atuam como líderes de equipes não possuem curso de graduação. Tal constatação sugere que a experiência prática pode ser determinante na escolha dos gestores para assumir cargos de gestão e/ou liderança de equipes de tecnologia da informação.

Outra característica importante a ser mencionada, ao final desse trabalho, resume-se no (gráfico 3), ao apresentar que 80% dos gestores entrevistados afirmam que o segmento ao qual pertencem é a prestação de serviços e 20% afirmam trabalhar para o governo. A informação representada no gráfico (3) revela, portanto, que a prestação de serviços predomina nas organizações que possuem gerência de equipes de TI em Belo Horizonte.

Os gestores entrevistados gerenciam suas equipes de trabalho em grandes corporações, o que pode ser verificado a partir da análise do gráfico (4), obtendo como referência o número de equipamentos que os gestores declaram possuir nas organizações. Esse aspecto pode influenciar, de alguma forma, a maneira pela qual os gestores gerenciam suas equipes. Deve-se registrar como sugestão para uma pesquisa futura, a seguinte indagação: gerenciar uma equipe de TI, numa empresa com sessenta pessoas, diverge da forma de gerenciar a mesma equipe numa organização com quatro mil pessoas?

Analisando as entrevistas dos gestores, observa-se que um percentual expressivo dos sujeitos pesquisados afirma gerenciar equipes com mais de vinte pessoas, conforme apresenta o gráfico 5. Essa observação reforça a necessidade da aplicação da metodologia de Chang (1996), como forma de gerenciamento de equipes. Para Chang (1996), a comunicação é a essência de um bom trabalho em equipe. Uma comunicação ineficiente na equipe pode levar à incompreensão, à ação inadequada e imprópria dos seus membros. Nesta perspectiva, esta pesquisa tratou de analisar se o gestor da área de tecnologia da informação gerencia a equipe de trabalho sob sua responsabilidade, conforme estabelece o modelo proposto Chang (1996).

Para esta análise foram propostas cinco (5), categorias que expressam aspectos fundamentais da metodologia de Chang (1996).

A categoria um (1) tratou de exemplos de comunicação ineficaz que o gestor verifica em sua equipe e foi possível concluir que todos os gestores afirmam que a comunicação na equipe é falha. Apesar de não serem todos os gestores que apresentam os mesmos exemplos de comunicação ineficaz, expressos na metodologia de Chang (1996), observa-se que um percentual considerável dos entrevistados afirma que os problemas de comunicação são os mesmos mencionados na metodologia. Esta constatação indica que os gestores da área de TI em Belo Horizonte, poderiam adotar a metodologia do autor para resolver, ou minimizar problemas, no gerenciamento de suas equipes.

A categoria dois (2) questiona os gestores sobre exemplos de comunicação eficaz que estão presentes em sua equipe de trabalho. O resultado apresentado é insatisfatório, do ponto de vista da metodologia. A maioria dos entrevistados (cerca de 64%), consideram outros tipos de comunicação eficaz diferentes da metodologia. Depreende-se desse resultado, que os gestores conhecem pouco sobre comunicação de equipe. Também aqui, sugere-se que os gestores de equipe em Belo Horizonte utilizem a metodologia proposta por Chang (1996), em seus processos gerenciais. Através da categoria (3), objetivou-se analisar se o gestor de equipe utiliza as técnicas de escuta ativa com os membros de sua equipe. Caso o gestor considerasse a existência desse elemento, o mesmo deveria citar os momentos em que a escuta ativa teria beneficiado a equipe. As respostas divergem da metodologia proposta por Chang (1996). Essa constatação revela que os gestores não adotam a técnica da escuta ativa com seus liderados, indicando falta de comunicação e falta de sintonia na equipe. A falta de sintonia, portanto, leva a conflitos na equipe.

Nesse aspecto, conclui-se que um percentual expressivo dos gestores de equipe em Belo Horizonte, pode ter desencadeado conflitos na equipe. Essa verificação é indicada no gráfico (4). A pesquisa verificou que 80% dos gestores afirmam possuir conflito na equipe nas quais lideram. As formas de minimizar os conflitos indicadas na metodologia de Chang (1996), são seguidas parcialmente pelos gestores de equipes. A identificação da percepção dos gestores sobre suas práticas de gerenciamento de equipes, conforme objetivo específico um

(1) desta pesquisa, foi satisfeita, pois o gestor teve oportunidade de pensar e relatar suas formas de atuação com sua equipe. Acredita-se que os gestores consideram que estão gerenciando de forma correta. Constata-se também que um percentual expressivo da metodologia (verificado através da análise das categorias) não é verificado na prática. Neste aspecto, infere-se que os gestores entrevistados, ao tomar conhecimento da metodologia do autor, terão a necessária percepção de suas práticas.

O objetivo dois (2) - Identificar as razões que levam à prática de gerenciamento - foi plenamente satisfeito. Observa-se que as razões que levam os gestores à prática do gerenciamento são diversas. Contudo, verifica-se que nenhum gestor afirma que segue uma metodologia, ou teoria, que trate do tema "gerenciamento de equipe". Essa constatação indica que as razões que o levam a adotar tais procedimentos de gestão, variam de acordo com o perfil da organização, e não com a formação, ou ideologia, do gestor. A última categoria a ser analisada refere-se ao objetivo específico (3) deste trabalho. Analisar as práticas declaradas pelos gestores à luz da metodologia é verificado na categoria (5), com a seguinte indagação aos gestores área de TI :*escolha um membro não participativo da sua equipe, e descrevas as ações que você adotaria para motivá-lo*. Analisando a categoria, observa-se que a divergência desta categoria com a metodologia foi expressiva. Cerca de 70% dos gestores afirmam praticar outros procedimentos diferentes da metodologia, os resultados encontrados conferem com o pressuposto pelo autor da pesquisa. Pela experiência do autor na área de tecnologia da informação, era previsto que gestores de equipes na área de tecnologia da informação não adotam os procedimentos mencionados na metodologia proposta por Chang (1996). Não foi encontrado, também, nenhum estudo que tenha como objetivo pesquisar *"gerenciamento de equipes na área de tecnologia da informação"*. Nesse aspecto, não houve divergência de resultados, apesar das restrições de agenda dos entrevistados, que limitou, consideravelmente, a realização da pesquisa. Em relação às contribuições dessa pesquisa no âmbito acadêmico, pode-se inferir que a mesma produziu resultados satisfatórios no que tange aos aspectos relacionados à administração/gerenciamento de equipes na área de tecnologia de informação. A limitação principal desta pesquisa refere-se à pesquisa de campo, no que diz respeito ao agendamento com gestores e captação dos dados. Neste aspecto, sugere-se que novos estudos analisem o tema. O autor considera que a leitura da teoria explorada neste trabalho pode trazer contribuições interessantes para gestores em geral.

REFERÊNCIAS

AFONSO, M. Lucia Maria (organizadora). *Oficinas em dinâmica de grupo na área da saúde.* São Paulo: Casa do Psicólogo, 2006.

ARGYLE, Michael. *Interação social:* relações interpessoais e comportamento social. -Rio de Janeiro Trad. Marcia Bandeira de Melo Leite Nunes: Zahar Editoras, 1976.

BATISTA, Emerson de Oliveira. *Sistemas de Informação:* o uso consciente da tecnologia para o gerenciamento.- São Paulo: Saraiva, 2004.

BATIUCCI, Marcio Dayrell. *Equipes 100%.* -São Paulo: Pearson Education do Brasil, 2002.

BERNARDES, Cyro. *Sociologia aplicada à administração:* gerenciando grupos nas organizações.- São Paulo: Atlas, 1995.

BIO, Sérgio Rodrigues. *Sistemas de informação: um enfoque gerencial.* – São Paulo: Atlas, 2008.

BOOG, Gustavo G. e Boog, Magdalena. *Con-Viver em equipe.* - São Paulo: M. Books do Brasil Editora Ltda. 2008.

CHANG, Richard. *Sucesso Através do Trabalho em Equipe.*- Rio de Janeiro: Qualitymark Ed, 1996.

CASTILHO, Áurea. *Construindo Equipes para o Alto Desempenho.*- Rio de Janeiro: Qualitymark Ed, 1998.

GAHAGAN, Judy. *Comportamento interpessoal e de grupo.* – Rio de Janeiro: Zahar editores 1976.

GUIMARÃES LIPORACE, Sidney. *Fatores que influenciam positiva ou negativamente o sucesso:* relato de experiências em duas empresas em São Paulo. 1990. 03 f. Dissertação (Mestrado Profissional em Administração) – Faculdade de Estudos Administrativos de Minas Gerais, Belo Horizonte, 2006.

FIGUEIREDO, Antonio Macena de, & SOUZA, Soraia Riva Goudinho de. *Projetos, Monografias, Dissertações e Teses.* - Rio de Janeiro: Lumen, 2008.

FRITZKE JUNIOR, Udo. *Projeto e Implementação de um suporte para aplicações cooperativas do tipo editor distribuídos.* 1995. 05 f. Dissertação (Mestrado em Engenharia Elétrica) – Escola de Engenharia, Universidade Federal de Santa Catarina, Santa Catarina, 1995.

LACOMBE, Francisco José Masset e HEILBOR, Gilberto Luiz José. *Administração Princípios e Tendências.* – São Paulo: Saraiva 2008.

LAKATOS, Eva Maria & MARCONI, Maria de Andrade. *Fundamentos de Metodologia Científica.* – São Paulo: Atlas, 2007.

LAKATOS, Eva Maria & MARCONI, Maria de Andrade. *Técnicas de Pesquisa.* – São Paulo: Atlas, 2011.

LAUDON, Kenneth C & LAUDON, Jane P. *Sistemas de Informações Gerenciais* – São Paulo: Pearson Prentice Hall, 2007.

KATZENBACH, John A. *A força e o poder das equipes.* – São Paulo: Makron Books, 1994.

MANTAY, Carla. *Equipes diretivas do município de esteio gestão democráticas e qualidade da educação.* 1997/2000. 04 f. Dissertação (Mestrado em Educação) – Universidade do Vale do Rio dos Sinos, 2009.

MAXIMIANO, Antônio Cézar Amaru. *Gerência do trabalho de equipe.* – São Paulo: Pioneira, 1986.

MAXIMIANO, Antônio Cézar Amaru. *Introdução à Administração* – 7. ed. Ver. ampl. – São Paulo: Atlas, 2009.

MOSCOVICI, Fela. *Equipes dão certo:* a multiplicação do talento humano. – 4.ed. – Rio de Janeiro: José Olympio, 1998.

KWASNICKA, Eunice Lacava. *Introdução à administração.* – 6. Ed. – São Paulo: Atlas, 2004.

MOTTA, Fernando C. Prestes. *Teoria geral da administração:* uma introdução. – São Paulo: Pioneira, 1996.

MUCCHIELLI, Roger. *O trabalho em equipe.* – São Paulo: Martins Fontes, 1979.

PARKER, Glenn M. *O Poder das Equipes: um guia prático para implementar equipes interfuncionais de alto desempenho.* – Rio de Janeiro: Campus, 1995.

SILVA, Reinaldo. *Teorias da administração.* – São Paulo: Pioneira, 2001.

SHERMERHORN, Jr., John R. *Fundamentos de Comportamento organizacional.* – Porto Alegre: Bookman, 1999.

TRECKER, Harleigh Bradley. *Como trabalhar com grupos.* Trad. Evangelina Leivas. –n Agir: Editora. 2003.

TRIPODI, Tony et al. *Análise da pesquisa social:* diretrizes para o uso de pesquisa social e em ciências sociais. – Rio de Janeiro: Francisco Alves, 1995.

ROBBINS, Harvey. *Por que as equipes não funcionam* – Rio de Janeiro: Campus, 1997.

ROBBINS, Stephen P. *Comportamento Organizacionais.* – Prentice Hall, 9 ed - 2002.

SCHOLTES, Peter R. *Times de Qualidades:* como usar equipes para melhorar a qualidade. – Rio de Janeiro: Qualitymark Ed., 1992.

ANEXOS E APÊNDICES

APÊNDICE – Modelo de Carta Convite

Prezado (a) Gestor (a),

Desejo pedir-lhe que me conceda uma entrevista, cujo conteúdo será utilizado em minha dissertação de mestrado na área de administração. O tema a ser abordado será "Gerenciamento de equipes na área de tecnologia da informação". A duração da entrevista será de aproximadamente trinta minutos. Esta pesquisa tem caráter estritamente acadêmico, sendo preservada a identidade do entrevistado e da organização. É importante informar que após a defesa da dissertação e aprovação pela banca examinadora deste trabalho, o autor se compromete a repassar o trabalho realizado. Caso aceite este convite queira por gentileza preencher os dados abaixo de acordo com sua disponibilidade.

Entrevista
Data da Entrevista: _____/11/2011.   Horário:_____.
Local:_____.
E-mail: _____.

Agradeço pela Atenção.

Atenciosamente,

Hudson Antônio Alves da Silva.
Aluno de Mestrado da FEAD- Centro de Gestão Empreendedora

Roteiro de Entrevista

As informações presentes nas questões de 1 a 5 são referentes ao perfil da organização e do respondente.

1. Identificação do Entrevistado
Cargo:
( ) Diretor de TI   ( ) Gerente de TI   ( ) Coordenador de TI   ( ) Supervisor de TI   ( ) Gerente de *Projetos*   ( ) Líder de Equipe
2. Grau de instrução do entrevistado
1 ( ) Ensino Médio Incompleto   2 ( ) Ensino Médio Completo   3 ( ) Superior Incompleto   4 ( ) Superior Completo   5 ( ) Pós-Graduação Incompleto   6 ( ) Pós-Graduação Completo   7 ( ) Mestrado Incompleto   8 ( ) Mestrado Completo   9 ( ) Doutorado Incompleto   10 ( ) Doutorado Completo
Identificação da Empresa
3. Qual o ramo de atividade da empresa
1 ( ) Comercio   2 ( ) Industria   3 ( ) Governo   4 ( ) Prestação de Serviços
4. Qual o tamanho do parque tecnológico, ou a quantidade de computadores ativos, atualmente, em operação na sua organização?
1 ( ) 0 até 15 computadores   2 ( ) de 16 a 50 computadores   3 ( ) de 51 a 100 computadores   4 ( ) mais de 100 computadores

5. Qual a quantidade de pessoas possui a equipe que você é o responsável?

(　) De 1 a 5 pessoas   (　) De 6 a 10 pessoas

(　) De 11 a 20 pessoas   (　) Mais de 20 pessoas

As questões abaixo versarão especificamente sobre o objeto desta pesquisa, baseado nas teorias do autor CHANG, Richard (1996), sobre equipe. As questões aqui descritas abordam quatro temas centrais bem definidos são eles: *Comunicação e Escuta ativa, Resolução de conflitos, Diversidade da Equipe, Motivação da equipe.* É importante ressaltar que esta pesquisa não tem nenhum caráter comercial, ou pessoal, sendo de natureza estritamente acadêmica.

Comunicação e Escuta ativa

6. a) Que exemplos de comunicação de grupo *ineficaz* você tem verificado ou experimentado ultimamente?

Obs. Entende se por comunicação de grupo ineficaz uma equipe que não se comunica e sofre de falta de engajamento. Chang (1996, p.14).

7. a) Cite exemplos de comunicação eficaz você tem verificado ou experimentado ultimamente

Obs. Entende-se por comunicação eficaz quando as pessoas com quem estamos nos comunicando recebem nossa mensagem, a compreendem, lembra-se dela, e eis aqui o argumento decisivo – a respondem de maneira apropriada. Chang (1996, p.14).

8. Cite um exemplo de interação recente com membros de sua equipe. A quem a escuta ativa teria beneficiado.

Obs. Escuta ativa significa: Olhar nos olhos da pessoa que está falando, balançar a cabeça em aprovação, inclinar-se para frente em direção a pessoa que fala dentre outras técnicas. Chang (1996, p.29).

Resolvendo conflitos

9. Você acredita que existe algum tipo de conflito na sua equipe?

_____ SIM NÃO _____

Quais procedimentos você tem praticado para auxiliar a minimizar os conflitos dentro de sua equipe?

Motivação

10. Escolha um membro não participativo da sua equipe e descreva que ações você utilizaria para motivá-lo?

Printed by Books on Demand GmbH, Norderstedt / Germany